BEYOND OVERSEAS STUDYING

对话青年·
职场
新势力

周成刚 孙涛 主编

30位新时代青年的
职业探索与破局之路

人民东方出版传媒
东方出版社
The Oriental Press

编委会

主　编：周成刚　孙　涛

策　划：孙　涛　俞仲秋　李　浚

编　辑：杨　萌　张荷丝　田　野

国际视野，创新引领，与新时代青年的对话

新东方教育科技集团 CEO　周成刚

　　全球化浪潮汹涌澎湃，科技进步一日千里，我们正在进入一个全新的时代。从数字经济到人工智能，从产业升级到科技创新，新技

术、新业态不断涌现，深刻改变了我们的生活和工作方式。在这场全球变革中，教育的意义也显得格外重要。

如今，我们面对的教育问题早已不是简单的"传道授业解惑"，而是如何培养具备全球竞争力的国际化人才，如何用教育激发创新思维，帮助年轻一代培养全球视野和适应变化的能力。数字经济时代，我们需要具备更广阔的国际视野，不仅要与世界接轨、向世界学习，更要在跨文化交流中汲取力量，促进自身发展。只有以开放包容的姿态迎接世界，我们才能真正融入其中，更好地适应全球化、数字化、智能化的未来社会。

国际化需要开放、包容，能接纳不同。当人们能用多元的眼光去看世界，就不会那么激进、偏执。这种国际化是值得我们借鉴和学习的。

国际教育：全球化时代的必然选择

说到国际教育，我深感它已经从少数人的选择逐渐成为大众教育的重要组成部分。越来越多的中国家庭开始重视教育的多元化，把国际教育视为连接世界的重要桥梁。我认为国际教育的本质，是学习和借鉴其他国家优秀的教育实践。在这个机遇与挑战并存的时代，它不仅能拓宽我们的思路，增进我们对世界多元文化的认知，也可以为学生未来的职业发展赢得独特的竞争力。

国际教育注重个性化教育，重视对学生思维方式、主观能动性、创新创造能力等方面的培养。在教学中，师生之间有丰富的互动、讨论、交流，而且这种交流是非常主动的。老师不会告诉学生标准答案，更不会画重点，会充分尊重学生的个性想法。同时，国际教育不是用来逃避国内升学压力的避风港，孩子的性格、优劣势、能力，是否与国际教育的课程节奏和学习环境相契合，都需要家长充分考虑。

从 2013 年开始，我陆陆续续走访了几十个国家的百余所高校；不久前刚刚带领团队深入东南亚采访交流，亲身感受到了国际教育的不断变化。在这些地方，创新教育理念、多元化培养模式、国际化课程设置已成为主流。与众多中国留学生沟通后，我发现他们不仅掌握了专业知识，更培养了独立思考能力、跨文化交际能力和创新精神——这些都是国际教育带来的巨大价值。

同时，"一带一路"倡议的推进，也让我们看到了中国的教育体系正在向培养具有全球视野、创新能力和批判性思维的国际化人才的方向发展。越来越多的年轻人投身世界各地的教育体系，探索全球教育的新形式和新内容。他们既懂中国文化，又理解西方理念；既会说中文，又会说外语；既在中国长大，又有在国外工作的经验。这样的背景为他们的职业发展提供了更加广阔的空间。

相比于以往，今天有更多的中国家庭希望通过国际教育，让下一代能在日益严峻的竞争环境中脱颖而出。中国学生现在出去留学，不仅仅是为了获得国外学位或提高英语水平，而是因为留学本身就是一个丰富生命的过程，是一种全新的体验。这段经历将改变他们的世界观和思维模式，让他们终身受益。他们在留学过程中获得的多样能力、不断拓宽认知边界的经历，都将成为永恒宝贵的财富，而这笔财富，无关学历，无关光环。

就业与创新：新时代的核心话题

在全球化时代，新一代青年有着全新的责任和使命，创新是他们职场竞争的重要一环。如果说创新是为了达到一个目的而想出来各种办法，那么批判性思维就是在这些方法中找出最好的路径。新时代的青年，也必须具备前瞻性思维，不仅要能够快速学习并适应变化，还要敢于打破传统束缚，开辟新的道路。而这些能力的养成，都离不开教育的支撑。

三十多年来，新东方始终聚焦国家和社会关注的教育话题，同时极为关注国际化人才的培养和研究。从2019年开始，我们通过访谈记录了百余位留学人才的成长历程，见证了他们如何在跨文化学习中塑造自我，在探索创新中实现梦想。基于这些宝贵经验，我们聚焦新的话题，进一步深入探讨在全球化背景下国际教育对推动创新型人才培养的重要性和必要性，回应时代对人才的迫切需求——"新东方国际人才研究系列"丛书的第五部应运而生。

在这本书中，我们生动呈现了留学青年在海外求学过程中经历的挑战与成长，剖析他们如何通过接受国际教育，培育批判性思维，提升个人创新能力，拓宽国际视野。每一位受访者，都有着自己的成长故事和独特经历。我们看到，无论是在海外知名高校的求学旅程，还是回国后面临的就业选择和创新挑战，都展现了国际教育如何激发他们的内在潜力，帮助他们在复杂多变的全球职场中找到属于自己的发展定位。

在编写这本书时，我们也充分考虑到青年人才在求职过程中遇到的困惑和社会发展的趋势，首次引入了企业用人方的视角。通过采访多家不同类型企业的招聘负责人和高校就业创新指导教师，我们深入了解了当今时代企业对人才的新需求，力求为读者提供更加实用的建议和指导。

更加令人欣喜的是，我们在与这些新时代青年的对话中发现，越来越多的留学人才响应号召回国发展，在人工智能、生物医药、新能源等战略性新兴产业中发挥着重要作用，将国际前沿技术与国内市场需求相结合，推动我国相关产业创新发展。新东方也期待继续为更多有志青年的成长提供源源不断的动力支持，助力他们在个人发展的道路上走得稳定长远。

拥抱全球，成就自我

从第一部到第五部，"新东方国际人才研究系列"丛书记录了大量留学生的成长故事，展示了他们如何通过留学拓宽视野、增强创新能力，最终成就自我。从这些鲜活的案例中，我们不仅能看到国际教育对年轻人的知识积累至关重要，更能体会到它是激发创新意识、批判性思维和全球化视野的重要途径。在这个过程中，我们深刻感受到了国际教育带来的改变，也看到了中国在全球化竞争中的广阔前景。

在未来的教育发展中，我们仍需继续探索创新之路，打造更加开放和包容的教育体系，为每一位青年创造更多的机会，让他们走向世界，拥抱未来。只有当我们在天空飞行的时候，才知道天空的辽阔；只有当我们用脚步丈量山河的时候，才能领略到大自然的壮美。

我也由衷地希望每一位读者都能从这些留学青年的故事中找到属于自己的力量和灵感，在不断追求创新和卓越的道路上，磨炼自我，服务国家，最终成就更加美好的未来。

值此书付梓之际，襟怀大慰，逸兴遄飞。是为序。

目 录

第 1 部分
学以致用：坚守初心不断向前

002 不走校招走社招，留英学子不按常规出牌勇闯职业圈

010 留学镀金，律界领航：二十年法律人的人生与行业变迁

017 凭借喜欢能走多远？从印第安纳大学到奥林匹克运动会

025 解锁投资界，做风投圈的自由探索者

031 自由职业与设计创新，艺术留学生的多元化职业成长

040 穿越东西教育体系，回归南方科技大学续写科研篇章

047 牛津深造，职场驰骋：一位数学学子的蜕变之路

第 2 部分
跨界突破：未来人生不设限

056　从杜克大学到谷歌，"转码"开启科技新人生

066　世界青年说：新传学子的非典型人生求索之旅

075　兴趣是最好的职业规划：在大健康行业稳扎稳打的"注册营养师"

083　从工科院校走到 UCL，再到三尺讲台建设家乡

091　从"双非"院校到世界 300 强企业："95 后"工程师的破茧之路

099　从斯坦福到国企：预先规划，更好地把握人生

第 3 部分
国际视野：放眼全球探索机遇

108　旷野中寻找人生的无限可能：高考"叛逆者"的成长启示录

115　留学让人敢为：从伊利打工人到跨境外贸创业者

122　现实与虚拟的交融，3DCG 艺术师对自己世界的建构

129　跨界逐梦：从文学硕士到香港上市公司公司秘书的全新探索

137　艺术与市场的桥梁：在拍卖行的传承与创新

145　从澳大利亚起航，用科技与创意重塑未来人居空间

第 4 部分
多维观察：我们需要怎样的人才

156　始于热爱，忠于选择：从留学生到人力资源专家的华丽转身

167　九年深耕，海外校园招聘的领航之路

174　在变革浪潮中领航，二十年资深 HR 的从业生涯与行业演进

181　找准方向持续发力：从内向的计算机学子到小米人力精英的蜕变

188　实现家庭与工作的平衡：毅然转行人力资源领域

第 5 部分
高校声音：为自己的人生做好规划

198　国际视野下的职业指导：如何塑造学生的全球竞争力

206　从语言学习到就业指导，意大利归国学者的多元文化探索与教育情怀

213　在教育变革中前行，实干派教师的职业探索与时代见证

219　中国海洋大学经济学院教师：用智慧与热情点亮金融学子的梦想

227　十年坚守：一位高校生涯导师的行业探索

233　在传承与创新中不断前行，锻造全球胜任力的教育桥梁

第 1 部分

学以致用：
坚守初心不断向前

BEYOND OVERSEAS
STUDYING

不走校招走社招,
留英学子不按常规出牌勇闯职业圈

　　在选择专业时选择了自己更感兴趣的方向,在校园招聘和社会招聘之间选择了社会招聘……在人生的一些重要选择上,廖文睿仿佛总是选择那条自己喜欢的道路,她明白这样的选择才是自己想要的。从上海回到成都,从乙方回到甲方,廖文睿从不盲从,她在用自己的方式探索世界。

去留学，想探索更大的世界

廖文睿在身边学长的影响下，早在大二就开始考虑自己的升学路径，她想选一个具有挑战性的方式。她作为一个土生土长的成都女孩，上大学也没有离开四川。她内心有一个渴望，想去一个全新的地方探索更大的世界，也期待看到自己在离开熟悉的环境之后，能够肆意、独立地活出自我，留学变成了她实现这些目标的最佳选择。

在专业的选择上，廖文睿对自己的挑战再度升级，她将营养学作为目标。本科的专业是食品质量安全，研究生本可以接着在食品类专业深造，但是廖文睿选择了她更感兴趣的营养学专业。虽然她在本科的时候涉及一些营养学的课程，但是这并不是她的主攻方向。

选择非主攻专业方向是一个冒险的决定，不过廖文睿并不是一个胆小怯懦的人，在作出选择营养学专业这个决策的同时，她便做好了迎难而上的心理准备。当时最大的挑战源于临床营养学，这门课程会涉及临床知识，这是廖文睿从未接触过的，但好在伦敦国王学院的老师在上课前会将本堂课的要求和讲解的 PPT 提前发给学生。学习并没有捷径可走，最简单的办法往往也是最聪明的办法，廖文睿便利用课前预习提前掌握这堂课的内容，同时也将本堂课所涉及的自己不熟悉的专业词汇积累起来。凭借着有目的的预习和用心的积累，廖文睿最后在临床营养学这门课程上成功过关。

廖文睿的内心有一只勇猛的小兽，探索世界的想法不断地翻腾着，从走出国门到跨专业学习，她在未知的世界探索，不断扩大自己知识森林的版图。

玩狼人杀的休息室变成了学术讨论区

伦敦国王学院是英国历史悠久的学府之一，廖文睿选择它不仅看重学院厚重的学术底蕴和先进的教育水平，更重要的原因是伦敦国王学院的营养学专业综合排名较高，课程很紧凑。廖文睿在收到的众多offer中毅然选择去伦敦！

廖文睿回顾自己的研究生生活，笑着说用"紧张又井然有序"去形容最合适。伦敦国王学院的课程安排得很紧凑，当时她每周只有一天完整的休息时间，其他时间不是在上课就是在准备上课的路上。不单单她一个人，同寝室的人都如此，"本来是大家玩狼人杀的地方，被我们搞成了学术讨论区"。有失也有得，紧凑的课程安排消减了廖文睿对家乡的思念。

伦敦国王学院与国内的大学校园不同，它不用高墙将学校与社会分隔开，每栋教学楼都隐匿在城市中，或于闹市中取静，或在清幽中寻一片更静谧的学术阵地，但这并不影响伦敦国王学院拥有浓厚的学术氛围，几乎每一个校区图书馆的座位都很难抢，尤其是学期末的时候。廖文睿和舍友每天醒来做的第一件事就是抢图书馆的座位。

在伦敦的学习经历让廖文睿看到了自己期待中的更大的世界。在这个世界闯荡的过程中，她逐渐成为能够独当一面的人，能够独立解决自己曾经觉得很困难的事情，学术的智慧与生活的智慧一起填进她的人生行囊之中。她觉得，自己可以走得更远。

安逸非所求，挑战为吾愿，放弃校招走社招

衣、食、住、行中，食在人们日常生活中占据着至关重要的位置。学食品类专业的学生，主流的就业方向一般为以下几种：一为事业单位，如海关、检疫局等；二是粮油企业，如中粮集团、益海嘉里等；三为快消品牌，如玛氏、百威/联合利华等；四是其他国内外食品企业，如统一、白象等。

英国研究生学制大部分都是一年。廖文睿认识的学长在入学当天便开始为找工作做准备，尤其是有意向留在英国工作的人，更要在忙碌的学习中挤出时间去实习。但廖文睿准备回国，所以她把找工作的目光锁定在了国内。

她的求职目标是很明确的，曾经在体制内的一段实习经历让她深知这种"一眼望到退休"的生活并非自己所追求的，后来在达能集团旗下品牌纽迪希亚的实习经历让她更坚定了自己找工作的方向。"我是想在比较国际化的公司工作，公司的规模、架构、管理制度是非常完善的，我不需要在这些地方试错，在优秀的平台成长的空间也会很大。"

为此，她甚至另辟蹊径，放弃校招，通过社会招聘的方式收到了第一份工作的 offer。当时廖文睿接触到的校招岗位基本上都是管培生，进入公司轮岗一至两年之后再确定岗位，但是廖文睿想获得更多的工作技能，相比较之下社会招聘更合适。权衡之后，她决定走社会招聘，尽快接触岗位，激励自己在职场中快速成长起来。

现如今很多人在进入职场的时候，总会在犹豫中错失一些工作机会，廖文睿则大胆地为自己开辟了另外一条路。别人艳羡不已的应届毕业生身份，她能够果断放弃，因为她清楚自己需要什么。

廖文睿介绍过敏原标识

帮助自己脱颖而出的是不可替代的能力

"更'卷'了。"当被问及现在的行业与她刚毕业时候相比有什么变化时,她从求职的角度给出了这样的评价。

越来越多高学历的人才涌入就业市场,人才之间的竞争加剧。廖文睿在本科时虽然已经确定要出国,但为提前参与并接触求职过程,仍投递了简历,还拿到了一些名企的 offer。等到研究生毕业找工作的时候,廖文睿发现那些自己在本科的时候拿到的 offer，现在对学历的要求已经提升至"硕士研究生及以上"了。

这样的发展趋势与人才数量的增长有着密切的关系。在 2023 年，我国硕士研究生的毕业人数便已突破了 100 万，大量人才进入就业市场，势必会造成竞争加剧、优胜劣汰的局面，无形之中对求职者提出了更高的要求，也更看重面试者的表现。

廖文睿回顾自己的求职经历，"初生牛犊不怕虎"是最好的形容，即便尚不满足招聘的要求，她也会勇敢地投递简历，并且会主动与招聘者聊自己的优势。凭借着胆大心细，廖文睿还真的获得了工作机会。

但她获得 offer 并非仅凭胆大与运气，整个求职的过程她都做足了准备。她认为求职面试时的亮相非常重要，甚至会为此准备逐字稿。"我一般会做一个很好的开场，我一定会写一个很好的逐字稿，然后熟读并背诵。"流畅清晰的开头会给面试官留下很好的印象，然后才是自信的流露，对自己的专业能力有自信，对自己的表达有自信。

廖文睿在面试中收获了很多经验。面试同样也是实战，在一场场面试中，她能够清楚地发现自己的不足，然后在下一次的面试中修正，循环往复，最后自然而然会变得沉稳与自信。

凭借着自己的勇往直前，廖文睿在上海得到了人生的第一份正式工作，负责食用农产品、加工食品等出口欧美、日韩、东南亚等市场的合规业务，专注于国外食品法规标准体系的研究。每帮助一个品牌成功"登陆"海外的超市货架，她心中都充满了成就感，前期付出再多的辛苦，在那一刻也都转化成了收获的喜悦。

廖文睿与自己手头的工作合影

从乙方变甲方，助力中国茶饮"出海"

"羁鸟恋旧林，池鱼思故渊。"廖文睿如高飞的鸟，牵念家人的她在上海工作近三年之后，选择了回到成都。如今她在成都一家上市茶饮企业就职，协助企业将饮品推向海外市场。

廖文睿形容现在的工作从乙方变成了甲方，以前的工作是帮助各个品牌走向海外，现在的工作是将自己的产品推广出去。近些年，中国茶饮品牌如雨后春笋般崛起，商场、写字楼里可见各种各样的茶饮品牌。

在国内市场，各大茶饮品牌存在竞争关系，但是面对"茶饮出海"的任务，各大品牌又像同甘共苦的兄弟，无经验借鉴，它们前进的每一步都像原野上的第一个脚印。因此，这份工作也让廖文睿产生了"家国大义"的情愫，她希望自己能在国内企业建立全球知名茶饮品牌的过程中出一份力，将中国融合创新的茶饮文化推向全世界，这也是文化自信的一种表现。

廖文睿现在的工作内容在"出海"的过程中是很前置化的，她所在的团队要为产品"出海"的质量负责，协助完成整个"出海"流程。因为各国、各地区对食品和包装材料的标准是不一样的，比如她们在工作中经常会遇到某一个添加剂在内地能用，但在香港和澳门就不能用了，或者在中国香港能用，可能到了其他国家又不能用了，这就导致某一个品类在配方上会有细微的差别。所以她们的工作内容就是保证产品符合其他国家和地区的标准，做到"出海"全链条的合规。廖文睿的岗位因为涉及研究国外的食品标准，也会与海外的公司或者合作伙伴沟通，在招聘的时候会对留学生具有倾向性。

在帮助品牌"出海"的过程中，廖文睿能够获得极大的成就感。茶饮品牌"出海"是新鲜事物，她所做的每一分努力，都是其他品牌可以借鉴的一手经验，这也是她工作的意义所在。

每一个选择都忠于自己的内心，曲曲折折是路，平平坦坦也是路，路究竟什么样，需要每一个行者去感受。廖文睿的一些选择在外人看来似乎难以理解，但她走出了自己的平坦与稳重，这就是坚定与自信的力量。她直言留学之旅给她带来了太多的自信与独立的能力，相信这些力量和日月一样永恒相伴，让她前行的每一步都更踏实有力。

留学镀金，律界领航：
二十年法律人的人生与行业变迁

  在法律的殿堂里，有这样一群人，他们以笔为剑，以法为盾，守护着社会的公平与正义。孙荣达，一位从业二十年的资深律师，便是这群人中的佼佼者。他的故事，既是法律行业变迁的缩影，也是个人奋斗与成长的见证。

跨越挑战，拥抱未知：30+ 的海外求学之路

在人生的旅途中，总有一些人选择勇敢地走出舒适区去探索未知的世界，挑战自我。孙荣达的故事始于 2008 年一个不平凡的决定，与许多年轻的留学生不同，孙荣达是在工作多年后，在母亲的鼓励下才踏上了留学的征途。作为一个东北人，孙荣达很向往温暖且有海洋的国家。在研究了多个留学目的地后，他锁定了澳大利亚，并特别关注了阿德莱德这座偏远却富有特色的城市。这里不仅教育质量高，还有友好多元的环境，为他的未来规划提供了更多可能性。

然而，留学的道路并非一帆风顺。作为一位大龄留学生，孙荣达面临着比同龄人更大的压力。他不仅要完成繁重的学业，还要思考未来的职业规划和生活方向。语言障碍、法律专业的高难度课程、陌生的环境……这一切都让他倍感压力。特别是在学习法律专业知识时，孙荣达遇到了前所未有的挑战。法律术语的复杂性（很多法律用词是拉丁文）、课堂讨论的高强度，以及大量阅读材料的压力，让他很有挫败感。

但幸运的是，他遇到了许多善良的朋友和老师，他们的鼓励和支持让他逐渐找回了信心，走出了低谷。在后来的学习过程中，孙荣达逐渐学会了如何高效学习、如何管理时间、如何与不同文化背景的人交流。学校方面也提供了积极帮助，当时的学院设有专门针对留学生的辅助部门，该部门的老师为他提供了学业上的指导和帮助。在这个过程中，他不仅收获了宝贵的知识和经验，也与老师和同学们建立了深厚的友谊。

他用实际行动证明了年龄并不是追求梦想的障碍，只要有决心和毅力，就能克服一切困难。

留学归来：律政精英的奋斗之路

毕业后，孙荣达选择回国发展，在好友的影响下，他选择来到北京。当年北京的留学生落户政策很宽松，在完成研究生学业并确实在国外生活学习一年以上，进行学历认证后就可以获得落户资格，没有任何额外的限制。他记得当时仅用了六个月就成功办理了北京户口。然而，随着时代的变迁，现在的落户政策已经发生了显著的变化。如今，除了个人需要满足一定条件，工作单位也必须符合特定的要求，并且拥有相应的落户指标。"如果晚几年去留学，可能就无法享受到这样的落户政策了。"孙荣达笑着说自己赶上了好时代。

"当时留学生并不像现在这么多。"孙荣达回忆道。这种稀缺性为他后来的职业发展带来了意想不到的机遇。当他学成归来，正值国内对国际化法律人才需求旺盛之时，他凭借留学背景和扎实的专业知识，顺利进入北京岳成律师事务所，并且很快在国际法律部门崭露头角。"当时国际法律部门还比较缺人，我正好赶上了这个机会。"孙荣达感慨地说。他凭借出色的工作表现和不懈的努力，逐渐赢得了同事和领导的认可。

如今，孙荣达已经成为北京大成律师事务所的合伙人，用自己的专业知识和实践经验为客户提供优质的法律服务。"留学经历让我接触到了更多的跨国业务和国际化人才，这为我后来的工作打下了坚实的基础。"孙荣达说。他凭借流利的英语和广阔的国际视野，在涉外法律服务领域游刃有余。同时，他也能够更好地理解和适应不同文化背景下的商业运作模式和法律制度差异，从而在处理公司类业务时展现出独特的优势。孙荣达目前专注于公司法律事务，涵盖公司内部治理的方方面面，比如

孙荣达的毕业留影

精心制定公司章程与决议流程，以及有效解决股东间的纷争。同时，他也擅长处理公司对外的商业纠纷，如并购项目的法律支持与对外业务拓展中的法律风险防范，确保客户在复杂的国际商业环境中稳健前行。

孙荣达很感谢留学经历带给他的成长和变化，也感谢家人和朋友的支持与陪伴。在他看来，留学不仅让他获得了更高的学历和更广阔的视野，更重要的是让他学会了如何面对挑战、如何独立思考、如何成为更好的自己。因此，他也经常鼓励身边的人勇敢追求自己的梦想，不要被年龄或其他因素所限制。

揭开面纱：法律行业的真实工作状态

对于很多人来说，律师行业似乎总是戴着一层神秘的面纱。在孙荣达看来，律师行业其实既费脑力又费体力，需要不断学习和更新自己的知识体系，同时还要具备出色的沟通能力和应变能力。"电视剧和综艺节目中展现的律师形象往往过于理想化和简单化。"孙荣达坦言，他认为真实的律师工作远比这些节目中展现的更加复杂和艰辛，需要处理各种意想不到的复杂纠纷和麻烦，还要在繁忙的工作中保持高效和专注。

除了像孙荣达一样进入律师事务所，法律专业的学生其实还有多种就业途径。首先，可以选择进入公检法系统，即公安、检察院和法院工作；或者通过公务员考试，进入国家公务员队伍，特别是与法律相关的岗位，如政府部门的法律顾问、法制办工作人员等，这是传统并且备受尊重的职业。其次，还有两大领域的社会法律服务可供他们选择。一是成为律师，无论是独立执业还是加入律师事务所，都能在法律领域为人们提供专业的服务。二是加入公司的法务部门，作为公司法务人员，他们将在企业内部处理各类法律事务，保障公司的合法权益。

如果进入律所的话，那么职业路径一般是从助理律师到高级律师，最后到合伙人。孙荣达说自己所在的北京大成律师事务所对合伙人的选拔和把关非常严格，只有具备出色的业绩和综合素质的人才能够脱颖而出。他清晰地记得，当年以相对成熟的年龄加入合伙人行列时，仿佛重回了初出茅庐的新人面试现场。在通过了资质审核后，还需面对一场由九位资深成员组成的会议。在这场会议上，每位成员都对他进行了细致的审视，他必须进行自我展示并回答他们提出的问题。尤为关键的是，如果这九位中有两位对他的表现表示不满，那么他便会错失成为该大型律所合伙人的宝贵机会。这种严格的选拔机制保证了律所的人才质量和整体发展水平。

孙荣达接受北京电视台采访

  在孙荣达的职业生涯中,有一个案例让他至今难以忘怀。那是一个跨境并购项目,他代表国内一家公司与美国一家知名公司谈合作。在项目推进过程中,他们遇到了诸多困难和挑战,尤其是目标企业的劳动用工风险问题让美国收购方感到十分棘手。面对这一困境,孙荣达和他的团队没有退缩,而是积极寻求解决方案。最终,他们通过巧妙的法律设计和谈判策略,将股权收购改为资产收购,消除了美国收购方的顾虑,并推动了并购项目的顺利进行。这个案例不仅让孙荣达积累了丰富的实战经验,也让他深刻体会到了法律在跨国合作中的重要性。

  当然,除了工作上的收获,作为合伙人之一,孙荣达也面临着巨大的挑战。他不仅要带领团队不断开拓新业务、拓展市场,还要处理好内部管理和团队协作等复杂问题。他始终保持着积极向上的心态和严谨的工作态度,努力为律所的发展贡献自己的力量。

时代变迁：法律意识的觉醒与行业的飞跃

二十年前，当孙荣达踏入法律行业时，"法律"对于大多数人来说还是一个遥远而神秘的概念。人们对法律知之甚少，甚至有人视法律为无物。随着时间的推移，孙荣达亲眼见证了法律行业翻天覆地的变化：越来越多的人开始敬畏法律，了解法律。现在的人们不仅懂得用法律武器维护自己的权益，还积极参与到法治建设中来。

当然，随着新法律的颁布以及司法解释的不断推出和修订变更，法律也处于持续进步与革新的状态。"这种不断发展和完善，促使我们这个行业的人也必须不断学习，紧跟时代的步伐。与修理轮胎这类相对稳定的技能不同，法律领域的变化是快速而频繁的。轮胎可能多年如一日地保持着相同的构造，修补方法也相对稳定，法律却是一个充满活力和变革的领域。因此，我们必须保持对新知识、新法规的敏锐感知，不断更新自己的知识体系，以适应这个不断变化的行业。"

对于未来，孙荣达充满了信心和期待。他也看到了人工智能等新技术给法律行业带来的冲击和机遇。在他看来，虽然 AI 技术可以替代一些基础性的文书工作，提高工作效率和质量，但法律行业的核心——法律思维、法律判断和法律服务等——是无法被替代的。随着社会的不断发展和法治建设的深入推进，法律行业将迎来更加广阔的发展空间。他也将继续坚守自己的职业信念和职业操守，为法律行业的发展贡献自己的力量。

孙荣达的故事是无数留学归来、在律政界奋斗的青年才俊的缩影。他们凭借自己的才华和努力在异国他乡求学深造，回国后又凭借自己的专业知识和国际视野在各自的领域发光发热。他们用自己的行动诠释了"留学归来，报效祖国"的深刻内涵和时代精神。

凭借喜欢能走多远？
从印第安纳大学到奥林匹克运动会

　　奥林匹克运动会是运动员最出彩的舞台，也是每一个体育爱好者的殿堂，四年一届的运动盛宴吸引了全球亿万观众的目光，如果能够参与到这场体育盛宴中，将是值得铭记一生的事情。从美国印第安纳大学到北京冬奥会，留学的东风将乔鑫宇吹向了心中至高的殿堂。当年在印第安纳大学放弃商科选择体育管理的时候，他就已经决定让热爱支持自己不断前行。

放弃商科选择体育管理，奔赴热爱

乔鑫宇从小就喜欢踢足球，在他的心里很早便种下了热爱体育的种子。印第安纳大学是美国著名的公立大学，它的特色之一是拥有浓厚的体育文化，这所大学诞生了多位奥运冠军，不过乔鑫宇并非因为印第安纳大学的体育特色而选择它，他是奔着商科专业来的。印第安纳大学的特色专业除了体育，还有商科，商科毕业的学生薪资高，并且工作体面，这是很多人选择商科的现实原因。

命运给了这个对体育充满热情的人一个机会，美国的大学允许学生入学的时候不选择专业，在学习一年之后再根据自己的兴趣选择喜欢的专业。在印第安纳大学浓厚的体育氛围之下，乔鑫宇参加了很多活动，也会在闲暇的时候和朋友踢球，仿佛一切都没有变，他还是那个喜欢体育的少年。尽管不是职业体育选手，但他还是对体育有着发乎本能的热爱。完成一年的学业之后，他做了一个大胆的决定，在选择专业的时候放弃商科，选择自己喜欢的专业——体育管理。

在印第安纳大学读着自己喜欢的专业，并且这个专业还是学校的特色专业，再加上校园开放，体育氛围好，学术氛围浓厚，乔鑫宇"人逢喜事精神爽"，原本他是一个内向的人，在环境的浸染之下却变得更加外向。"体育是无国界的，很多外国人也想通过我们了解中国。"回国以后乔鑫宇才明白，当时他们与国外同学、老师的每一次交谈也是在塑造中国形象。

印第安纳大学的校园生活是乔鑫宇人生中一段非常美好的记忆。到美国之前，乔鑫宇想象中的美国是灯火辉煌的大都市。留学生的开局总是充满刺激，当他看到一望无际的玉米地时，心中有那么一瞬间怀疑自己上错了飞机，下错了站，与乔鑫宇想象中的美国相差太多。四年下来，这里却承载了他最美好的青春，是他探索世界的出发点。从印第安纳大学出发，他在体育领域越走越远。

当时他是班上为数不多的亚洲人之一，体育管理专业鲜少有人选择，"凭着热爱选择了这个专业，会后悔吗？"乔鑫宇不知道该怎么回答这个问题。

暂停研究生学业，赶往冰雪赛场

2015年，在第128届国际奥林匹克委员会全体会议上，中国北京以44票获得第24届冬季奥林匹克运动会的举办权，全国上下开始筹备冬奥会。重庆市体育局为了响应政策，迎接北京冬奥会，特意成立冰雪部，后来更名为冬季运动管理中心。刚成立的部门需要专业人才，开始面向社会广纳贤才。

彼时的乔鑫宇在英国伦敦攻读硕士学位，已经读到了第三个学期，开始为毕业论文的数据内容做准备。原本他的计划是毕业之后进入一个足球俱乐部，毕竟一直喜欢足球，即便不与足球相关，也要与体育相关。重庆市体育局的这个机会千载难逢又恰逢其时，"我和家里的父母也商量了一下，都觉得这个机会比较难得，如果有机会参加奥运会，确实是一个体育人一辈子能够赢得的最高荣誉了"。

乔鑫宇选择暂停学业，回到重庆工作，本打算两年之后再接着完成硕士学业，新冠疫情的突然到来打破了他原本的计划，并且如果去英国完成学业，就要放弃现有的工作机会。他最终选择了工作，不过这样的选择并没有带给他很多遗憾和痛苦。

重庆市体育局冰雪部门一切都在起步中,乔鑫宇没有离开球类,只不过这次接手了冰球项目。我国冰球项目比较火热的地区主要集中在北上广深等一线城市及高纬度地区,如东三省等。然而重庆是一个"火炉",在这里孵化冰球项目需要付出更多的精力。乔鑫宇迎来的第一个难题就是场地的问题,当时重庆现有的冰场只适合年龄较小的孩子启蒙,没有一块适合职业球队训练的冰场,球队只能租借场地。他们带着资金飞往东三省,从哈尔滨辗转到齐齐哈尔,最后与齐齐哈尔体育局达成了合作,重庆的冰球队终于有了属于自己的训练场地。

在整个团队的努力下,这座"火炉"城市的冰球队不断刷新着成绩:全国冰球锦标赛的第二名,全国青年运动会的第三名。在冰与火的赛场上,冰球队不断创造佳绩,这些成绩远远超过所有人的预料。

术业有专攻,乔鑫宇在印第安纳大学学的是体育管理专业,所学知识为管理运营这支冰球队伍发挥了很大的作用。带球队训练、比赛很辛苦,但是乔鑫宇坚持了下来,就像当初放弃商科选择体育管理一样,对体育事业的热爱也让他在困难面前义无反顾。

乔鑫宇带队期间接受中央电视台采访

登上奥运赛场的留学生

"我可以很自豪地说，我们在北京冬奥会执裁的所有比赛中，没有一个错判，也没有一个漏判。"这就是来自中国冬奥裁判员乔鑫宇的声音。

冬季奥林匹克运动会是国际冰雪项目的体育盛典，北京奥组委需要能够胜任裁判工作的人，要求裁判员兼具英语能力与体育专业知识。乔鑫宇在印第安纳大学的留学经历和体育管理专业的背景，完美契合了奥组委的需求。在经历了层层选拔之后，他成功获得了培训资格。经过长达四年的培训与最终考试，乔鑫宇获得北京冬奥会的入场券，成为冰球项目的裁判员之一。

冰球场上运动员神经紧绷，裁判员同样全神贯注，他们是公平与正义的守护者，保证每一次胜利都干干净净，保证每一场赛事都值得反复回放，"没有一个错判"就是最自信的发声。

"当我站在决赛的赛场，迈入属于我的岗位的那一刻，脑海中浮现了很多画面，包括从本科开始在美国印第安纳大学学习的第一天，到英国读研究生，一步步走到了奥运会决赛的赛场，回顾我前面所有的经历，感觉都是为了今天作铺垫的。"体育人的荣誉感在这一刻达到了顶峰，奥林匹亚的圣火同样燃烧在乔鑫宇的心中。当站在决赛赛场上时，乔鑫宇保证赛场的公平与公正，让奥林匹亚燃烧的圣火永远纯粹，而在那一刻，他也能够回答出当年"是否会后悔"这个问题，他可以坚定地回答"从没有后悔过"。

随着国家实力不断增强，体育事业的发展也蒸蒸日上，各个赛事中都有中国运动健儿们不断刷新着世界纪录。运动员们在赛场上争分夺秒，赛场外，也需要业务能力高、专业素养强的裁判为比赛保驾护航，体育界对国际复合型人才的需求也与日俱增。

乔鑫宇曾参与编译《2021—2022国际冰球联合会官方规则手册》。以冰球运动来说，冰球的规则每年都在更新，裁判使用的系统是全英文的，这就对相关从业者的英文水平提出了更高的要求。在经历过北京冬奥会后，乔鑫宇也逐渐感受到体育事业对复合型人才的需求。世界的全球化，体育的全球化，一切都朝着全球化的方向发展，培养具备全球化视野的人才，留学不是唯一的路径，但或许是最优的途径。

乔鑫宇与花样滑冰运动员合影

先去大城市积累经验

如今，全民对体育、健康的关注度大大提升，体育相关专业的就业机会增加，工作岗位也更加丰富多样。在乔鑫宇出国留学选择体育管理专业的时候，他还是班级中少有的亚洲人面孔。如今送孩子出国读体育相关专业的学生远比乔鑫宇留学的时候多，很多家庭甚至从小就培养孩子有一个体育爱好，为其创造更多的发展机会。

"海外留学生有一个很大的优势，敢说话。"乔鑫宇从自己的留学经历以及招聘经验出发，给出留学生这样的评价，他本人也是在经历留学之后才变得外向、健谈的。无论是在求职中还是在工作岗位上，敢于表达都是优势。

在小红书上，乔鑫宇也会遇到很多人向他征求意见。他们大多在国外学了体育相关专业，不知道自己回国之后的就业方向。从现在体育项目的发展情况来看，乔鑫宇建议大家去大城市、一线城市发展，他目前的事业在重庆，也正是因为如此，他更能感受到不同城市之间的差异。"大城市承接的赛事活动比较多，国外体育赛事俱乐部也会选择在大城市设立自己的办事处"，这样会给应届毕业生更多的发展机会，二、三线城市可能更看重求职者是否具备丰富的工作经验，比如能否独立筹备一场体育赛事，这更适合有工作经验的人。

不过相较于这些具体的经验，"既然选择了，就要有恒心，要坚持，不要后悔"。之所以说出这样的话，是因为相较于热门专业，如商科、金融、计算机等，体育专业的薪酬偏低，所以一些人在找工作的时候会后悔当初没有选择一个就业前景好的专业，一旦工作不如意，便会消磨掉对工作的热情。乔鑫宇坚持体育这条路，一路走来也遇到过很多困难，但是因为热爱，所以他获得的成就感能够抵消一时的不如意和挫败感。其实相较于选择什么样的专业和工作，更重要的是面对挫折时，自己坚定的意志和选择了就不后悔的魄力。

从重庆到美国，从冰球场到冬奥会的裁判席，乔鑫宇一路追逐，一路收获，他发自内心地喜欢体育，所以体育也回馈他更多。那段留学之旅赋予他的是一个生活的新起点，一个奔赴热爱的开始。如果世界真的那么大，乔鑫宇依旧会选择从体育这条路出发。未来纵然充满艰难险阻，但目标始终是云层之上的太阳，一时的风雨不足为惧。

解锁投资界，
做风投圈的自由探索者

　　没有一成不变的生意，在投资界，变数是常态。在瞬息万变的市场中，从业者只有具备强大的心态和过硬的专业本领，才能在这个行业中自由探索。从武汉大学到法国诺欧商学院，张怡学习的内容始终没有离开过金融，毕业之后她遵循自己的心意选择一级市场作为自己的就业方向，投身投资界的风潮中。不管是选学校、专业，还是工作岗位，张怡从没有因为他人的成就影响自己的选择，她始终瞄准自己的内心，顺心而行。

读中外合作班，留学顺理成章

对于张怡来说，留学这条路无须选择，它本身就在自己的学业计划之中，在很多学生还在考虑是否留学的时候，张怡就已经走上留学的快车道了。张怡本科就读于武汉大学经济与管理学院，读的是武汉大学与法国诺欧商学院合作开设的中法班，这个班级的学生完成学业后可以顺利衔接至诺欧商学院攻读硕士学位，所以学生们在正常的课程之外，还要学习法语。法国诺欧商学院为全球 1% 同时拥有 AACSB（国际精英商学院协会）、EQUIS（欧洲质量发展认证体系）和 AMBA（国际 MBA 协会）三大认证的顶尖商学院，也是欧洲第一所同时获得 GARP（全球金融风险专业人士协会）及 CFA Institute（特许金融分析师协会）官方认证的合作学校。在这里，张怡感受到的是与国内不同的教育方式，课程设置和 MBA 很相似，具有很强的实用性，授课的内容也偏商业一些。

这是一个很好的升学路径，张怡的父母也支持她到国外学习，感受另一个国家的风土人情和教育。所以完成本科学业之后，张怡搭上了前往法国的航班，到那个浪漫与艺术的国度开始了为期三年的硕士课程学习。张怡在这个极具人文气息的国家继续深入学习金融相关专业，继续在自己喜欢的领域探索。

张怡从小就是"别人家的孩子"，学习成绩好，性格好，让父母特别骄傲。考上武汉大学的时候，张怡遇到一个很大的难题：该选什么专业？她对什么都感兴趣，觉得每个专业都可以试试。她询问了父母的意见，也考虑了将来，她想到自己毕业之后肯定是要工作的，所以选择专业的时候最好也要考虑自己毕业之后求职的问题。于是结合了父母意见和对就业的考虑，张怡最终选择了金融类专业。

张怡拍摄的法国诺欧商学院校园风景

　　如果说刚开始选择这个专业是张怡理性分析的结果，那么对这个专业的喜爱便是后天培育的感性流露。在学习的过程中，张怡逐渐找到了乐趣，发掘自己拥有分析型思维。"金融行业能够让我在较短的时间内汲取高密度的信息，我再从里面分析得出自己的结论，这个过程对我而言是很快乐的，我也想继续把这个专业读下去。"张怡经历得多了，才知道自己喜欢什么。幸运的是，她最后发现自己所学的正是自己感兴趣的，仿佛生活早有安排，只不过这条路需要她自己去探索。

每一次的经历都是排除干扰项

　　张怡非常建议那些不清楚自己就业方向的人多去实习，在实习的过程中，不仅能发现自己喜欢什么，同时也能排除自己不喜欢什么。张怡就是通过实习找到工作方向的。她曾经在投资行业、调研公司等实习，不论是一级市场还是二级市场，都有张怡工作的痕迹。"纸上得来终觉浅，绝知此事要躬行。"在校园获取丰富的理论知识，用行动找到自己感兴趣的岗位，在一遍遍的追寻与探索中，张怡就像在海洋上航行的船，在不同的航线上航行，最后找到了适合自己停泊的港口。

最后，她将一级市场作为自己的求职方向，实习的经历也让她变得更加成熟，她已经做好了一级市场需要服务创业者的心理准备。"当时选择一级市场是因为它更重视人的因素。我喜欢交流，也喜欢接触创新的东西。创新意味着你和团队在一级市场中会找到新的价值点，这是我在二级市场中未曾找到的。"

确定方向后，张怡就没有离开过这条赛道。刚入行的时候，张怡还是感受到了与实习截然不同的节奏，它是更快的、更新的，远比课本上讲述的知识与案例更超前。刚开始工作的时候，张怡觉得自己每天都会遇到困难，风潮在涌动，这个行业好像每天都在迭代更新，都在成长。她觉得自己一下子就进入了湍流之中，容不得自己翻开随身携带的"武功秘籍"，现在已经到了她放手一搏的时候了。

行业的快节奏意味着要一直学习新的内容，持续迭代自己的思维和能力。困难是持续的，风投行业本身就处于趋势发展的潮头，张怡需要拥有更加敏锐的触觉，在发展中寻找新机遇，这不是一蹴而就的，需要在工作中通过和很多人、事打交道，慢慢塑造自己的能力，锻炼自己对风口的嗅觉。虽然这是一个缓慢的过程，却是这个行业中每一个人的必经之路。

张怡的工作像园丁，寻找投资项目的过程像发现幼苗，投资的行为就是为这个幼苗施加养料，帮助它茁壮成长。如果幼苗能够长大并结出丰硕的果实，这就代表这个项目还算成功。尽管在外人看来，这个工作强度大，但是张怡总是能够在发掘和培养的过程中找到价值感。"有一些项目很小众，但如果我发现了它的价值，我觉得这是一个好产品，然后我就去培育它，后来这个项目果然做大了，这就验证了我的猜想，这种价值感是很丰满的。"

张怡岗位的魅力就在于其"发掘"与"培育"的双重属性，这个过程虽然充满了不确定性，却也在不断刺激着冒险者的神经。在这个过程中，她也有积淀，对行业的嗅觉以及更深入的观察就是她最大的收获。

跳出自己的思维去做事

如今，张怡已经从上海回到了广州，离家更近一些。有了招聘经历的她，从招聘者的视角出发，对于这个行业所需要的人才有了更深的了解。

投资行业是非常欢迎留学生的，"留学生在海外接触到的是更发达国家的生活方式，无论是眼界还是语言能力都是过关的"。投资领域曾经有很多美元基金，留学生在这项工作上非常有优势，尤其是有些留学生在年纪比较小的时候就出国读书，独立性和社交能力比较强，思维也更加活跃，比较外向的人会在投资行业更加游刃有余。留学是加分项，但并不是唯一的要求。这个行业还需要主动思考能力，在面对新事物时，能够用清晰的框架快速剖析并吃透问题。此外，良好的人际交往能力必不可少。

刚进入这个行业的年轻人难免有自己的想法，张怡也是从这个阶段过来的。很多人是怀揣着理想走向工作岗位的，希望能打拼出一番事业，但张怡从自己的经历出发，给出了建议：要学会向上思考。"刚进入这个行业的年轻人都挺有冲劲的，但是往往太有冲劲会让你忽视一些理性思考。我的建议是不要局限在自己看事情的角度上，应该多向上思考，比如你的机构是怎么考虑、怎么作决策的？你的老板又是怎么制定策略的？"刚进入职场的人很容易陷入"我要如何如何"的职业困境，这样太狭隘了，也容易造成只顾眼前而忽略长远的问题。如果把视野放大，站在决策者和领导者的视角看问题，跳出自我思维的限制，能力和视野都能获得很大程度的提高。

张怡也是在不断工作中加深自己对这个行业的理解的。刚进入这个行业的时候，她认为自己的工作主要是发现价值。随着自己对这个行业的认识逐渐深入，她发现发掘价值固然重要，但更重要的是能够把价值最大化。

张怡至今还在自己选择的赛道上不断前行，发现价值、扩大价值，站在时代发展的洪流中，捡拾沙砾之下透着光芒的"金子"。这个行业一直在更新，一直在变化，张怡也在不断提高自己的能力，厚积薄发。只要自己航行的方向没有变，她就能够在这趟旅程中尽情享受，用航线绘制自己的人生版图。

自由职业与设计创新，
艺术留学生的多元化职业成长

　　在当代艺术教育的浪潮中，越来越多的中国艺术生选择走出国门，寻求更广阔的发展空间。Vera 从中国美术学院版画专业毕业后，前往美国马里兰艺术学院深造，现已成为某头部会计师事务所创新中心的设计师。她的经历展现了艺术留学生如何在海外教育的熏陶下，实现从传统艺术向现代设计的转型，以及这种转型如何对未来的职业发展产生深远影响。

第 1 部分　学以致用：坚守初心不断向前　　031

探索与抉择：留学之路的自然选择

与很多有着十分明确出国目标的学生不同，Vera 的留学之路并非在本科开始阶段就确定的。大学期间她一度计划前往法国学习，但在毕业时改变了想法。"我当时想先尝试工作，因为版画属于纯艺术，而非实用艺术范畴。我想看看自己在实际工作中都能做些什么。"Vera 回忆道。

这种探索精神让她尝试了美术教学、平面设计等工作，也正是在工作体验中 Vera 发现了自己的新方向。与此同时，家人也认为本科学历可能不足以支撑未来发展，开始鼓励她继续读研究生。

Vera 选择了 DIY（自助）的申请方式，深入了解各所学校的特点。"DIY 申请很重要的一点是要多看学校的官网信息和专业设置，这对选择学校非常有帮助。"在获得了英国和美国院校的录取通知后，她最终选择了美国马里兰艺术学院。"因为感觉美式教育更开放，更有创意空间。"Vera 解释道。

在马里兰艺术学院的学习经历，让她深刻体会到美国艺术教育的特点，尤其是教学理念上的差异，"美国的艺术教育在选拔学生时，相较于基础技能，更看重学生的个人特色"。Vera 说，这种教育方式的核心是培养学生的独特视角和创新思维。

Vera 在读研期间担任了一些本科课程的助教，对教学模式的理解也更为透彻。"他们的教学方法比较科学、高效，即使学生基础薄弱，在一个学期内也能有明显进步。"同时，美国的课程设置也十分灵活，"学生可以跨专业选课，边界没有那么明确，这就提供了更多元的学习机会"。

Vera 在担任助教工作的人体写生课上，与大家一起点评同学的作业

这段教育经历不仅拓展了 Vera 的专业视野，也培养了她快速学习的能力。"当选择非本专业的课程时，就需要学习很多新知识，比如编程、用户体验设计等。这些经历让我更愿意挑战自己，走出舒适圈，也让我更加珍视自己的独特之处，愿意与他人分享作品，听取建议。"Vera 总结道。

独立设计师：自由与挑战的平衡艺术

毕业后，Vera 选择申请 OPT（Optional Practical Training，专业实习）签证留在美国工作一年。"经济压力最大的时候是在开始工作的时候，因为刚毕业没有什么存款。"但她很快获得了在硅谷一家知名科技公司工作的机会，虽然是短期工作，但几次重要项目的收入，基本可以覆盖日常生活费用。"从第一次接到工作开始，生活一下子就变得轻松了不少。"Vera 说。

作为自由职业者，Vera 的经历和其他人也颇为不同，她采用了现场和远程办公相结合的方式，接过至少三个客户的实地工作项目，包括埃森哲、康泰纳仕、贺加斯等知名企业。现场办公让她保持着较为规律的工作节奏，而远程办公则相对自由。Vera 的工作内容也比较多元，既做设计也做插画，这与其他主要做插画的同学有所区别。

Vera 在康泰纳仕的工作，为《悦己》杂志的社交媒体平台创作动态内容插图

对于自由职业，Vera 强调稳定客户的重要性。"稳定的客户会大幅度降低你的经济压力，不过要有风险意识，不断拓展新的客户，建立多收入的渠道也非常重要，国内较好的远程工作机会也可以考虑。"那段时间，她的收入来源包括设计、插画、社交媒体设计和作品集辅导等。

在获取工作机会方面，Vera 反复强调了自我推广的重要性。"现在流量十分重要，因此要策划好展示个人能力的平台，像站酷、Behance 这种个人作品集网站都需要认真经营，小红书和抖音等自媒体平台也是很不错的选择，对获取工作是非常好的加持。当然，人脉资源也很关键，我的第一个项目就是同学介绍的。虽然报酬不高，但对建立自信很有帮助。"

此外，自由职业者也需要过硬的心理素质。"要有一个好的自控力和自驱力，内心要更加强大。如果长期接不到工作的话，很可能会面临抑郁的状态。"同时，Vera 建议不要给自己设限，"像我身边有的朋友，他可能一开始就觉得自己只能做某一种类型的工作，如果想要快速适应自由职业，可以从拓展多渠道收入开始"。

突破与蜕变：商业设计的多元探索

回国后，Vera 的求职之路并不平坦。她的第一份工作是在一家新能源汽车公司担任品牌 VI（Visual Identity，视觉识别）设计师。然而入职仅一个月，公司就开始出现融资问题，Vera 还经历了一次集体仲裁。这让她意识到进入陌生行业时需要更加谨慎。之后，她在作品集培训机构工作了一段时间，逐渐意识到自己更喜欢创造性的工作。

最终通过 LinkedIn（领英）平台，她获得了某家头部会计师事务所 HR 的关注并成功入职。在寻找大品牌的工作机会时，Vera 认为能力和运气都很重要，同时个人作品的风格需要与品牌有一定的契合度。"如果个人作品的风格无法与品牌融合，选择的领域可能就会更少一些，所以个人作品的风格最好有比较广泛的适配性。"

加入公司的创新中心后，Vera 进入了一个全新的阶段，她的工作内容变得更加多元化，并且涉及更高层次的创意与技术融合。在这里，她不仅仅是一个传统的平面设计师，更是连接设计与商业需求的桥梁，工作涉及设计创意的各个方面，从前期的构思到后期的实际呈现，都需要与客户及团队紧密合作。

Vera 的工作核心，是将设计元素融入公司项目的各个环节，以视觉手段推动问题的解决与思路的深化。她负责的大型会议和工作坊的主视觉设计，要求她从内容主题出发，将复杂的商业策略或讨论成果转化为清晰直观的视觉呈现。

"每次重要会议或工作坊，我都会根据当天的内容实时绘制一张视觉化地图。这不仅仅是一个思维导图，更是一种具有艺术性的创意表达。"Vera 说，这种地图不仅记录了当天的核心要点，还帮助参会者从视觉角度更好地理解和记忆信息。此外，她还负责品牌周边产品的开发和展厅设计。"这些工作的挑战在于，如何让品牌形象在不同载体上保持统一，同时为观众提供独特的视觉体验。"

Vera 为工作坊创作实时的视觉记录

公司的设计团队规模不大，工作灵活性极强，Vera 常常需要跨部门合作，或者与供应商、客户直接对接以完成项目。"我们负责的设计项目类型多元，有时是企业内部的系统界面，有时是公司参加展会的大型背景墙。"她说，每个项目的需求和时间安排都不尽相同，这需要具备快速适应能力和高效执行能力。

面对高强度、多项目并行的工作状态，Vera 总结出两点经验：一是沟通与协调能力，与客户、同事保持清晰的沟通，是确保项目顺利推进的关键。她强调设计师不仅要输出视觉方案，还要理解客户的需求，解答客户的疑问，甚至在不同意见中要寻找平衡点。二是灵活应变与团队协作能力，尤其是在面对突发情况时，要做到相互支持。

科技与艺术的融合：设计师的未来发展

Vera 认为，设计师的职业生涯需要不断探索与学习。"在创新中心的四年间，我接触到很多前沿技术，也经历了多种类型的项目，这些让我得到了巨大的成长。"对于当下持续火热的 AI 技术，她也有自己的理解和应用：使用 AI 技术辅助绘图，并将其整合到日常工作中。

"我尝试过用 AI 训练自己的画风模型，让它完成一些耗时且重复性高的视觉工作。这样可以大大提升效率，让我能专注于更具创意的部分。"在这个过程中，Vera 感受到 AI 作为工具的两面性：一方面，它能快速生成令人满意的基础图形；另一方面，它在艺术内涵表达上的局限也提醒她保持设计师的核心价值——"AI 并不能完全替代设计师，反而对我们的要求更高。除了技术能力，设计师还需要具备深厚的文化背景知识和审美判断力"。

关于未来的职业发展，她坦言，设计岗位在国内职场中的路径通常较窄，但公司的创新中心给予了她更多可能性。"在国外，许多人可以一辈子做设计工作，但在国内，我们似乎更倾向于追求管理职位。我在这里感受到的不同，是可以选择继续在设计领域深耕，同时也能参与更多跨部门合作。"

Vera 也认为，职业发展道路并非一成不变。"我现在越来越觉得计划赶不上变化。"她建议刚毕业的求职者保持开放心态，不要把自己过于局限在某个发展方向。美术设计专业的毕业生也可以尝试更广阔的发展空间，比如咨询、运营策划、教育培训等，关键是找到适合自己性格特点并且能够发挥自己专业优势的领域。

未来，Vera希望能在设计领域实现更多突破。"无论是深度学习历史知识，还是研究新的科技应用，我都希望设计能连接更多可能性。"她认为，设计师不仅是美的创造者，还是创新的推动者。

穿越东西教育体系，
回归南方科技大学续写科研篇章

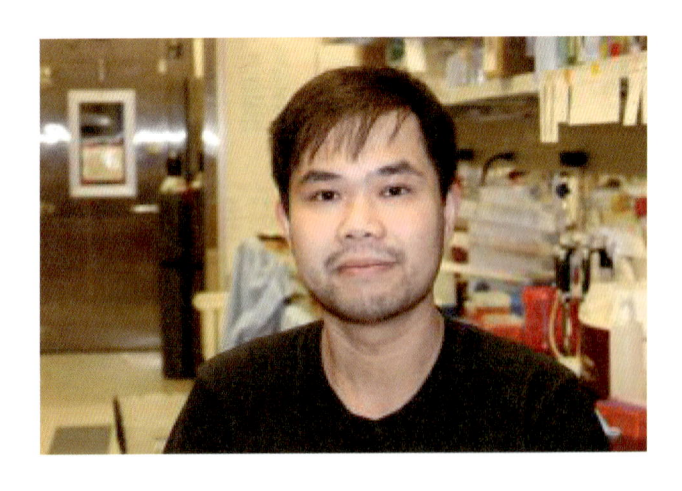

　　这是一段漫长而充实的求学与科研旅程。从留学的初步尝试，到在严谨的学术环境中找到兴趣驱动力，最终归国投身南方科技大学的科研与教育事业，许扬用理性思考诠释了科研的意义所在，用赤子之心展现了对生活的热爱与平衡的艺术。

追梦远方：从深圳到多伦多的求学之旅

初秋的阳光穿过棕榈树繁茂的枝叶，洒落在南方科技大学的校园里。许扬如往日一般，在实验室内认真地工作着。二十年前的夏天，还在深圳就读高中的他，已经开始默默思考着未来的人生路径。

"那个年代的信息比较闭塞，上网甚至都不太方便，更不用说大量查询国外学校的资料了。对留学也有一种试试看的心态，毕竟雅思的考试成绩还不错。"回忆起高一暑假参加雅思考试的决定，许扬坦言，这一决定并非完全出于留学的功利性考量，而是希望能给自己的升学道路增加更多可能性。最终他被多伦多大学录取，这甚至让他感到几分意外。

"说实话，申请之初完全没有想到能被录取。如果做横向比较，多伦多大学在加拿大的地位相当于国内的北大、清华，以我当时的成绩，考取前几名院校的难度很大。"就这样，怀着对未知世界的憧憬，许扬踏上了异国求学之旅。

与许多留学生不同，初到加拿大，许扬并未经历明显的"文化冲击"，而是在全新的生活中收获了一丝成长的兴奋。"我的性格比较直接，说错了就承认，没有所谓的'面子问题'，重要的是主动去和他人交流。"许扬笑着说，"一些人会把文化差异视作一堵墙，但'墙'的建立者其实是自己。如果你愿意敞开心扉，拥抱新鲜事物，那么这座围墙自然就不复存在了。"

在多伦多大学，许扬选择了学校的王牌学科之———免疫学专业。面对极具挑战性的课程体系，他不仅没有退缩，反而在严格的考试制度和完备的课程体系中，为日后的学术生涯打下了坚实的基础。"学校在课程上的设置与规划非常出色，从某种角度上来说甚至优于我之后在美国的硕士生、博士生课程。"许扬解释道，"在科研当中，兴趣固然重要，但正向反馈同样关键。在多伦多大学，授课老师并不是直接告诉你该怎么做，而是通过研究案例的引导，让学习过程如同观看一部电影，学生很容易被代入其中，主动思考，从而提升自己的能力。"内容丰富的课程和生动的教学方式令许扬受益匪浅，他如数家珍地回忆起课堂的经历，那些实验的启发和教师的激励，进一步激发了他投身科研的念头。

教育视野：融汇中西的教学智慧

这段求学经历不仅让许扬收获专业知识，更重要的是培养了他独立思考的能力，也让他对不同教育体系有了深入理解。在许扬看来，教育体系没有优劣之分，关键在于对教育对象的侧重不同。中国的高等教育趋向普鲁士体系，所培养出的毕业生需要成为社会机器运转系统中的一环，具有服务国家发展的能力，整体上来说偏向平均主义；而加拿大的教育体系则是一种精英教育模式，更为推崇自主性和独立性，学校不会过多干预，学生的发展更依赖于自驱力。

"选择留学需要对自身有充分的认识。在国内教育模式下成长的学生，有些人需要外界压力的驱动，如果高中阶段没有形成对知识、学习的自驱力，大学到了国外很可能难以适应西方的教育体系。"许扬分析道，"我的性格特点比较适合这种'放手式'教育，所以加拿大的学习经历很大程度上影响了我之后的选择。"

本科毕业之后，许扬继续深造。博士阶段，他专攻肿瘤免疫学，在反复的实验和研究中，逐渐形成了对科研的理解：兴趣是核心驱动力，保持好奇心才能在这一领域不断精进。

科研之路：从海外归来的抉择

2020 年，新冠疫情肆虐全球。在美国进行博士后研究的第五个年头，许扬也面临着重要的抉择。当时他在美国收到了一些工业界的工作邀请，但经过深思熟虑，许扬接过了南方科技大学抛出的橄榄枝，在十四年后重回故土。

"当时确实没有机会回国实地考察，很多决定都是在不能亲临现场的情况下作出的。"回忆起那段特殊时期的经历，许扬补充道，"不过我觉得自己还是比较幸运的，南方科技大学提供了良好的科研条件，能让我继续尝试在学术界进行科研探索。而且深圳是我出国前一直生活的地方，不必重新去适应一座陌生的城市。"

在南方科技大学，许扬的研究方向是肿瘤免疫治疗。对此，他用通俗的语言解释道："人体的免疫系统天然具有攻击肿瘤细胞的能力，一直对我们的身体起到保护作用。如果一个人罹患肿瘤疾病，肯定是因为肿瘤的生长能力战胜了机体的免疫系统。我现在的研究方向就是在实验室中对人体的免疫细胞进行训练和基因改造，增强它的抗癌能力，为白血病等重大疾病提供更好的治疗方法，并且不断进行优化，扩大应用范围。"目前，相关药物已通过国家批准，这项技术在临床上取得了显著效果。

育人理念：科研素养的培育者

对于科研环境的差异性，许扬有着深刻的体会和判断：国内更倾向于大团队协作攻关的模式，而国外除了大型团队，也存在很多"小作坊"。他认为，这种差异的产生缘于科研经费导向和社会期待的不同。

"基础科研的意义往往不能立竿见影地显现。比如生物学、应用医学主要研究人体的工作原理，在日常科研中，生物学过程看似没有现实意义，但在未来某种疾病的治疗中，它的意义和价值才能真正被认知。"

作为一名教育者，许扬在对学生的教导上特别强调科研素养的重要性。"现在的很多学生都有丰富的实验室经历，有些甚至发表过论文，但当他们被问及实验的深层逻辑和原理时，却无法做到充分理解。"在他看来，科研中非常重要的一点，不是掌握多少技术，而是理解实验背后的深层逻辑，培养发现问题、解决问题的能力。

因此，在南方科技大学带领学生团队时，许扬的管理思路借鉴了国外的学习与科研经验，极为重视学术的严谨性和独立性。他认为，国内的科研环境虽然与国外不同，但科学的管理模式可以让团队的每一位成员拥有足够的成长空间。

生活之道：科研与生活的平衡艺术

无论是自我发展还是培养学生，对于科研，许扬始终强调兴趣驱动的重要性。"科研就像一次随心的旅行，不需要太多的功利性考量。"在他看来，发现有趣的现象并将其解释清楚，本身就意义重大。这种学术视野，让他远离追逐"蜗角虚名，蝇头微利"，获得了纯粹的科研快乐。

许扬的日常生活透着一种有条不紊的节奏。他并非人们想象中的

"科研狂人"，而是以高效而充实的方式管理着教学与科研工作。作为大学教师，除了每周三个小时的课堂时间，他将主要精力都放在科研和实验室中，对学生的课题进行指导，包括亲自参与实验和分析数据，确保研究方向的准确性和成果的质量。

尽管如此，但他并没有把自己的全部时间都消耗在实验室里。"我很注重工作与生活的平衡，"许扬坦言，他也用自己的亲身经历告诉学生高效工作的重要性，"和他们讲过，我读博士和做博士后的将近十年里，晚上七点以后还在实验室的次数不超过二十次，有效地完成当天的工作就可以了。"

如今，他的生活依然秉承这种高效的习惯。下班回家后，他会适时放松，打打游戏，享受生活的片刻轻松。"科研是工作，它让我感兴趣，但我并不会把它神化成至高无上的使命。做完了，就去过普通人的生活。"

许扬说自己的爱好不多，除了科研工作，还有游戏。"差不多从10岁开始吧，一直打到现在。"许扬笑着说，"适度的游戏可以让大脑保持活跃的状态。我不喜欢人过安静，还是希望能有更多脑电波起伏的体验。"在他看来，家长可能会对游戏持较多的批评意见，但事物具有两面性，优秀的游戏对他的成长甚至人生观塑造都起到了积极的影响。

这种对于游戏和自我控制驱动的态度，同样可以引申到许扬对留学的理解。"世界上没有绝对完美的教育体系，对于计划出国留学的学生，十分关键的一点是找到适合自己的环境。尤其是国内很多习惯于被老师和家长督促学习的学生，如果缺乏足够的自驱力，贸然出国可能会像脱缰的野马，一下子失去方向，就像是压力过大的水龙头被突然打开，水流会变得难以控制。所以在作决定之前，一定要先调研，想清楚自己去留学究竟是为了什么。"

"科研就是一次随心的旅行",这句话是许扬的真实写照。在这条通向未来无限可能的道路上,他始终保持着赤子之心,以科学的态度经营生活,以理性的思考探索未来。在他的故事里,我们看到了一个新时代科研工作者的形象:既能在精密仪器下沉迷求索,又能在游戏中寻找童心;既懂得把控科研方向,又深谙生活平衡之道。

牛津深造，职场驰骋：
一位数学学子的蜕变之路

在留学与就业的广阔舞台上，有这样一位青年，他手握多所世界顶尖学府的硕士 offer，最终选择踏入牛津大学的殿堂，用知识的钥匙开启了一段非凡的旅程；初入职场的他又以其不懈的努力和卓越的智慧，照亮了属于自己的航道。他就是一位在数学与工程领域不断探索的青年才俊——古竞轩。他正用智慧和努力书写着属于自己的精彩篇章。

选择之路：梦想在牛津绽放

古竞轩自小就立志于从事科研工作，读本科时并未远行，选择了本地极负盛誉的大连理工大学。进入大学后，他不仅专注于学业，取得了优异的成绩，还积极参与各类科研项目和国际竞赛，不断提升自己的综合素养。大三那年，他以本科专业排名第一的成绩被教授推荐申请学校的"2+2项目"——进入曼彻斯特大学就读数学专业，也正是这段经历，让他坚定了自己继续在海外深造的决心。

回忆起当年硕士申请的经历，古竞轩依然历历在目。他精心准备了囊括科研成果、荣誉奖项、实习经历在内的申请资料，优异的成绩和推荐信更是锦上添花，让他一举斩获康奈尔大学、卡内基梅隆大学、哥伦比亚大学、牛津大学和帝国理工学院五所世界名校的 offer。在众多橄榄枝中，牛津大学的数学专业如同一颗璀璨的明珠，深深吸引了古竞轩的目光。牛津大学不仅以悠久的学术传统和深厚的文化底蕴著称，还以其独特的学院制文化和严谨的治学态度闻名于世。在这里，他可以接触到最前沿的学术成果，与来自世界各地的优秀学子共同学习、交流，这无疑是他实现学术梦想的最佳舞台。

自踏入牛津大学的那一刻起，古竞轩便深深地被这里的仪式感所震撼。在入学典礼和学位授予仪式上，学生需要穿着被称为"Sub Fusc"的学术礼仪服装，佩戴牛津方帽以符合学校庄严的学术氛围。考试期间除着学术装，考生还要在胸前佩戴康乃馨，第一天佩戴白色鲜花，第二天佩戴粉色鲜花，最后一天佩戴红色鲜花，这一传统已延续三十余年。这些特别的经历不仅让他感受到了牛津大学对知识的敬畏，更让他深刻体会到了学术之路的严肃与神圣。

古竞轩坦言："学校的课程设置和教学模式尤为令人印象深刻。项目课时短于其他高校，课堂内容却更加丰富深奥，对知识理解和掌握的要求也更为严苛。学校提供完备的资源支持以培养学生的自主思考和学习能力，标志性的博德利图书馆是英国第二大图书馆，著名学者钱锺书曾戏称其为'饱蠹楼'，是同学们的自习圣地。"

古竞轩在牛津大学博德利图书馆前留影

牛津大学的考试科目和选修课程是解耦的，学生可以根据自己的兴趣和规划，随时加入和退出任何课程。这种高度的自由让古竞轩能够灵活充分地探索自己感兴趣的领域，同时也给他带来了巨大的挑战。因此，他倍加珍惜每分每秒的学习时光，不断挑战自我、突破极限。

留学生活让古竞轩的经历丰富多样，也让他的世界观更加广阔。在校期间，古竞轩历经了英国脱欧、疫情暴发、俄乌冲突、伊丽莎白女王过世等重大历史事件，感受到了来自不同国家和地区师生的多元立场。相较于媒体转述的二手资料，第一视角的切身体会更加锻炼他的辩证思考能力，这是在国内读书难以体会到的。

应对未知：用未来的眼光审视当下

为了向自己的科研梦想迈进，本科期间古竞轩就积极参加校内外的科研和实习项目，获得了学界及行业专家的认可。牛津的学业即将结束时，他得到了全奖读博和留英工作的机会。但有了学成归来、报效祖国的既定目标，再加上提前熟悉职场环境，古竞轩决定参与一家国内知名企业的研发项目。

正是这次机会让他领略到数学理论为千万家企业赋能的强大力量。这一刻，工业界的大门向古竞轩敞开。在项目中，与学界泰斗的深入交流、与顶级专家的思想碰撞令他的专业优势得以充分发挥，个人的工程能力和学习能力不断提升。最终项目大获成功，古竞轩的贡献得到了团队的高度认可，HR 也诚挚地挽留他。也许在此之前古竞轩曾有过迷惘和焦虑，但此时他已不再犹疑，选择放弃读博全职加入该公司。这段经历让他明确了兴趣所在，并清晰地找到了更适合自己的科研路径，博导也为他的决定送上由衷祝福。

在求学和求职的关键阶段，很多人也有着和古竞轩相似的经历，对未来感到困惑。对此，古竞轩复盘后给出建议：学习能力比学历更重要。只要保持旺盛的求知欲和持续的自主学习能力，每个人在任何环境下都能走出属于自己的精彩人生。

职场蜕变：从学生到职场精英的跨越

从学生身份向职场人士的蜕变，是一段既关键又充满挑战的旅程，它深刻要求个体在思维模式、行为习惯及角色认知层面进行根本性的转型与升级。

初入职场时，古竞轩积极适应新的工作环境和角色转变。他参与的首个项目就是攻克学术界和工业界公认的难题——涉及港口调度的 NP（Non-deterministic Polynomial，非确定性多项式）困难问题。随着如今各大港口货运量的攀升，该项目的技术成果可以极大减缓大中型港口的资源挤占，提高吞吐效率。

在刚刚接手这项任务时，古竞轩并未厘清解决思路，学校中习得的知识无法直接有效地应用在项目中，一时间陷入困境。但好在他及时摆脱了"寻求标准答案"的学生思维，在充分理解、研究项目背景需求的基础上，深入研究港口泊位岸桥联合分配问题的特点和难点，并且快速学习了相关的理论知识和技术方法，着手进行建模和求解工作。

通过实践，他发现科研文献中传统的解决方式只能解决小问题，无法在现实世界的大规模数据上兼顾质量和性能。这让他进一步体会到学术理论与现实之间的鸿沟——只有跳出追求完美的学术思考模式，排除一切干扰细节，深入理解实际场景，才能切实解决现实中的问题。

古竞轩充分发挥自己在数学和工程上的优势，与小组成员大胆创新、快速验证，在反复的尝试和失败中探索技术方向。最终，他们提出了一套突破传统方式的解决方案，在优度和性能上远超项目目标，而且在大规模问题上有很强的扩展性。该方案每年为大型港口至少节省上亿元，被列为公司重大技术秘密。值得一提的是，经此一战，他凭借出色的解决问题能力和可塑性赢得了团队的认可，更以硕士的身份跻身博士团队。"实践中锻炼的解决问题的能力，是难以通过校园学习获得的。"古竞轩总结道。

资源调度：平凡生活中的数学奥秘

在忙碌的工作之余，古竞轩也不忘关注生活中的点滴细节，寻找其中的数学奥秘。他相信数学不仅仅是一门学科，更是一种思维方式和生活态度。在平凡的生活中处处蕴含着数学的智慧和魅力。只要我们用心去观察、去思考，就能发现其中的奥妙。

以共享单车调度为例，古竞轩发现这里面其实蕴含着运筹学的原理和方法。共享单车作为一种新型的交通工具在为人们出行带来便利的同时，也面临着供需失衡的问题。如何通过合理的资源配置和调度策略来解决这个问题，成为共享单车企业面临的重要挑战之一。古竞轩运用自己所学的运筹学知识对共享单车调度问题进行了深入分析。他发现，通过大数据分析可以预测出不同地区、不同时段的单车需求量，然后根据这些信息来制订调度计划，将单车从"闲"的地方运到"忙"的地方，从而实现资源的优化配置和高效利用。

此外，随着工作中深度参与越来越多的项目，古竞轩深刻认识到数学与工程的结合可以极大解放生产力，打破传统行业运作模式，颠覆固有认知，为人类世界带来无穷无尽的可能。资源调配优化已经渗透生活场景的方方面面：从生产加工企业的排产计划、机场铁路的交通规划、快递物流的配送路径，到商铺选址、产品定价、促销策略……其背后皆以严谨的逻辑推演和坚实的数学原理为支撑,进而推动了社会的系统化高效运作。

回顾过去几年的海外留学和职场经历,古竞轩收获良多。他从一个懵懂的学生逐渐成长为一名优秀的职场精英,不仅在学术上取得了丰硕的成果,在实践中积累了丰富的经验,还在创新性、交付件质量、团队协作等方面多次荣获嘉奖。他深知自己的成长之路远未结束,未来还有更多挑战和机遇等待着他去探索和把握,希望自己能够为社会的发展和进步贡献智慧和力量。

在古竞轩身上,我们看到了一个留学生从青涩到成熟的蜕变,也感受到了他对科学与事业的无限热爱与不懈追求。愿他在科研与实践相结合的道路上继续前行,用智慧和勤奋书写更加辉煌的篇章。

対害青

第 2 部分

跨界突破：
未来人生不设限

BEYOND OVERSEAS
STUDYING

从杜克大学到谷歌，
"转码"开启科技新人生

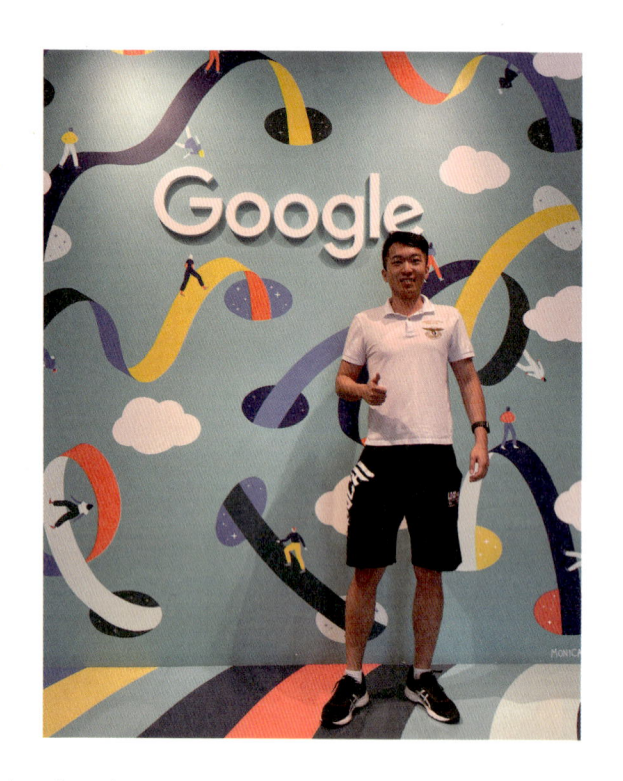

在谷歌工作两年以后回看这段求学旅程，郭文超认为，能够在毕业时获得美国顶尖互联网公司的入场券，有一部分运气的因素，更与他当时的学业规划紧密相关。凭借坚定的信念和不懈的努力，这个年轻人实现了从机械工程到计算机领域的华丽转身，在大洋彼岸的硅谷闯出了属于自己的一片天地。

从机械到计算机，一腔孤勇的"转码"之旅

郭文超的故事始于本科时期。他就读的专业是机械工程。然而，大三下半学期的一次实习让他深切感受到理想与现实之间的差距。"机械工程专业相关岗位实际工作内容及回报，与我预想的有很大不同，并不是自己想要追寻的未来发展方向。"郭文超表示。

在体验了真实的工作环境后，郭文超有些不知所措。一方面，他并不甘心未来就只能在机械领域探索；另一方面，他对未来也感到迷茫，不知道自己该往哪个方向发展。就在这时，室友给予了他新的"灵感"。彼时，郭文超的室友正在筹备申请赴美就读计算机专业硕士。留学深造，也一直在郭文超的未来规划里，"只是原本计划是读机械工程相关的专业，后来我打算利用这个机会跨专业深造"。

在与室友的交流中，郭文超逐渐对计算机科学产生了浓厚的兴趣。"看着室友每天都在学习，为申请忙碌，我也开始了解这个领域，发现它充满了无限可能。"然而，"转码"并非一件容易的事，更别提转专业申请硕士。对于郭文超来说，最大的阻碍在于时间紧、任务重，他需要在短时间内通过自学掌握大量计算机知识，向海外院校证明自己的学习能力和计算机水平。

这项任务极具挑战性，但并非毫无可能。2020年上半年，突如其来的疫情仿佛为世界按下了暂停键，而郭文超完成毕业设计后正好还有三四个月的空闲时间。在这期间，他开始大量学习基础课程，弥补知识储备上的不足，专注提升编程能力。反复的拆题、解题、刷题，算法和编程能力都有了长足的进步。"现在自学真的非常方便，B站、论坛上有很多免费的海外高校公开课视频可以看。那时候每天都在翻看这些视频、学习，几

乎没有休息时间，但我知道，这是我改变未来的机会。"郭文超回忆道。

留学杜克，梦想照进现实

在决定转专业深造后，郭文超开始寻找能够接纳跨专业背景的院校。杜克大学，这所被誉为"南方哈佛"的知名高校进入了他的视野。

杜克大学始建于1838年，坐落于美国北卡罗来纳州的达勒姆。这所高校不仅是美国南部最好的大学，也是全美优秀的大学之一。与此同时，杜克大学也是全球大学高研院联盟和美国大学协会成员。

美国杜克大学校园

郭文超所申请的电子与计算机工程（ECE）项目开设在普莱特工程学院（Pratt School of Engineering）。这个项目旨在为学生提供一个融合工程学、计算机科学、自然科学与医学等多领域的跨学科学习平台，将学生培养成优秀的软件工程师。因此，该项目对于申请人的背景审核并不是十分严苛。

即便如此，申请的过程对于郭文超来说依然充满挑战。虽然他的本科专业属于理科范畴，但为了能实现自己就读计算机相关专业的目标，在整理申请材料时，他尽可能体现自己对计算机、编程等相关知识的了解和运用。"我重点把自己参与竞赛和实习中能体现自己计算机水平和实际运用的相关经历尽可能地向计算机方向靠拢，体现自己对这个领域的兴趣和向往。"他说道。

与此同时，语言成绩也是一道难关。为了能收获尽可能好的录取结果，郭文超多次参加托福考试，不断努力提升自己的标准化考试成绩。功夫不负有心人，最终，郭文超的托福成绩超过 100 分，并凭借 GPA3.7 及 325 的 GRE 成绩，拿到了杜克大学的录取通知书。

杜克大学的电子与计算机工程专业提供两种学位课程，分别为科学学位（Master of Science）和工程学位（Master of Engineering）。前者更偏向学术性质，后者则更注重实践。在郭文超眼里，当初之所以选择"转码"，就是为了能拥抱人工智能浪潮，为自己的未来职业发展开拓新的方向。顺理成章，他选择攻读工程学位，并以软件开发作为自己的学习方向。

从国内到国外，完成自我转型

2020 年，国际环境风云变幻，不少留学生因为公共环境所带来的限制而无法出境。面对这样的境况，很多海外高校为留学生提供"当地学习"的选择，这些高校会与留学生所在地的高校合作教学，从而弥补线上教学在真实体验方面的不足。比如，收到康奈尔大学录取通知书的学生可以在上海交通大学、中国农业大学等高校学习；维克森林大学的学生则可以前往首都师范大学或上海东华大学学习。

当然，也有一部分学校本身在中国就设有分校，如昆山杜克大学、上海纽约大学、宁波诺丁汉大学等。出于对学业节奏和教学模式的考虑，郭文超决定研一期间前往昆山杜克大学学习，"线下教育保证了我可以在真实的校园环境中感受学习氛围，发现不一样的机会，这是线上教育无法比拟的"。

郭文超在昆山杜克大学学习

果不其然，在昆山杜克大学学习的那一年，郭文超收获颇丰。除了可以与教授进行更加直接的沟通，与同学们建立的紧密联系也为他的专业转型和后续求职提供了很大帮助。

秋招之战，迎接挑战与收获

随着学业的推进，在研二的上半学期，郭文超迎来了秋招季。他的出色表现让他最终收获了众多 offer，包括谷歌、Meta、腾讯、字节跳动、百度、滴滴等在内的海内外知名企业。然而，这些收获的背后，是郭文超不断克服诸多挑战的坚持与努力。其中，时差问题就是一个不小的困扰。"比如很多公司的面试时间会在当地时间进行，所以我不得不半夜爬起来面试。"回忆起当时的"凄惨"经历，郭文超会心一笑。

除了时差方面的困扰，身在海外的郭文超有时候也难以及时获取秋招信息。为了尽可能了解国内外求职情况，他加入了很多求职微信群，每天都会关注各个求职微信群的最新动态，同时也密切关注各个公司的官网，只为第一时间获得招聘信息。此外，他还常常与同学们分享各种求职信息和求职机会。"大家互相帮助，一起准备面试，分享面试经验，这种氛围真的很重要。"郭文超表示。

在求职阶段，郭文超整理了很多求职经验与技巧，并就每家企业进行有针对性的准备

第 2 部分　跨界突破：未来人生不设限　　**061**

不论是国内还是国外，顶尖互联网公司的面试过程都十分严格，多轮面试往往是"家常便饭"。其中，谷歌的面试流程之长更是让郭文超印象深刻。"有时候我们自己也会调侃谷歌面试流程太长，很多优秀的求职者也因此被其他公司'截和'。"

谷歌的校招流程基本是 5 轮技术面试，再加上 4—5 轮团队匹配面试（Team match）。技术面试在一天内就能完成，节奏非常快。"我记得我当时从上午 10 点一直面试到下午 4 点，一个接一个解决考官们出的题，面试完就有种累瘫了的感觉。"他回忆道。过了技术面试并不等于就能入职谷歌了，只能说跨过了一个门槛，真正确定求职者是否能顺利入职的，其实是团队匹配面试环节。

所谓团队匹配面试，就是求职者与谷歌不同的团队负责人及成员进行沟通，看这个求职者是否匹配这个团队的氛围。"这也是一个双向选择的过程，这个过程就比较注意沟通能力了。如果面试到最后没有一个团队要你，那么你也不可能进入谷歌。"郭文超总结道，"在面试过程中，要能够清晰地表达自己的想法，让面试官了解你的优势和潜力其实是非常重要的。我觉得在北美职场文化中，沟通能力是非常重要的，技术能力反而在其次。"

加入谷歌，开启技术与成长的新征程

基于对未来发展和工作节奏及环境的综合考量，在接到谷歌抛出的橄榄枝后，郭文超选择留在美国开启职场生涯。作为世界顶级互联网大厂，谷歌吸引他的不仅是其强大的品牌影响力，更是其完善的人才培养模式。

"谷歌对新人的技术培养非常好，代码规范、行业开发规范都很完善。从项目设计文档到代码实现，每一个环节都有严格的把关。这让我明白了什么是工业级开发范式，什么样的开发可以更有利于产品的不断迭代。"郭文超表示，"谷歌代码对内部员工是开放的，大家可以随时学习其他人的代码，甚至有的同事还会开发一些工具方便大家查看代码之间的关联和引用，获取相关信息。这种开放的技术氛围让我十分敬佩。"

此外，谷歌还专门为新入职的员工设立项目组。来自不同团队的新人们相聚在一起三个月，共同完成一项完全由小组独立设想、开发的项目，这个项目或许并不会真正上线，但在这个过程中，新人们互相学习、交流，建立了友谊，同时也让新人们与谷歌建立更加紧密的联系。

在职业发展方面，谷歌有明确的职级体系和评审委员会。郭文超入职时职级为三级（内部），工作一年后就升为四级。在他看来，职级六级之前的升迁快慢与老板的行事风格有很大关系。"我的老板比较注重效率，而我做事速度比较快，虽然可能会有一些小瑕疵，但整体产出比较高，这可能是我能较快升职的原因。"郭文超解释道。

郭文超目前隶属于谷歌邮箱（Gmail）团队，主要负责产品合规相关工作。在互联网通行世界的当下，许多国家针对数据安全颁布了相应的法律法规，特别是在欧洲，对于用户数据的管控非常严格。这就要求开发者搭建软件基础设施，确保运行时数据流合规，数据不会跨境流动，符合当地的法规。

"在谷歌，要升到更高的职级，比如六级或七级，可能就要有商业机会，要为公司带来商业利益了。目前，我觉得自己在这方面还有一定的难度，但我会努力提升自己，先争取升到五级站稳脚跟。"郭文超总结道。

探索副业，多元发展带来无限可能

除了在谷歌的本职工作，郭文超还有一个身份——B 站 UP 主。他在 B 站上分享自己在"转码"过程中遇到的难题及积累的经验，吸引了全网约 4 万粉丝，累计播放量达到 250 万。

开设 B 站账号最初是为了分享自己在学习计算机过程中遇到的难题及积累的经验。"当时在自学计算机知识的时候发现很多知识点容易忘或者很难理解，就想通过视频的方式记录下来，也希望能帮助其他有同样困惑的人。"但让郭文超没想到的是，视频受到了很多人的欢迎，经常会有粉丝留言与他探讨"转码"以及求职经验。粉丝们的支持也让他对自己的 B 站账号有了更高的规划。他计划以此为基础创立个人 IP，尝试多种形式，如个人经验分享、访谈等，"我希望能不断通过一些有价值、有深度的内容影响更多的人，传递正能量"。

对于未来，郭文超有清晰而多元的规划。在职业发展上，他希望在谷歌继续努力，不断提升自己的技术水平和商业能力，争取在公司取得更好的成绩。同时，他也关注行业的发展趋势，尤其是 AI 等新兴技术领域。"现在技术的更新迭代非常快，我会不断学习，跟上技术迭代的步伐。"郭文超表示。

郭文超在自己家布置的拍摄场景

郭文超的故事，是一个关于勇敢追梦、不断挑战自我的故事。他从机械专业"转码"到留学杜克，再到入职谷歌，同时发展副业，每一步都充满了勇气和决心。他的经历为广大留学生提供了宝贵的经验和启示：只要有梦想，并为之努力奋斗，就一定能够实现自己的人生价值，创造出属于自己的精彩未来。

世界青年说：
新传学子的非典型人生求索之旅

"我是谁？从哪里来？到哪里去？"——任何一个拥有强烈自我意志的人，都曾经叩问过这些问题，Chloe 也在寻找答案。作为一名人文社科科班出身的学生，严谨的学术训练经历赋予她独立思考的习惯、透过现象看本质的思维方式和分辨信息的洞察能力。在从少年到青年的人生旅程中，她以成为世界青年为目标，以英国华威大学为平台，以湖南广播电视台为职业抓手，最后带着从实践中得来的思考来到剑桥大学。一个坚持主体性的人生究竟该如何前行？Chloe 给出的答案是：人生有两样东西要时常温故而知新——一是知识，二是理想。

世界这么大,要出去看一看

Chloe 的父母非常开明前卫,他们将自己的孩子当作一个独立的个体来尊重和支持:"选择让孩子来到世间是我们的决定,孩子不欠我们的,反倒是我们,要用爱和鼓励去对她的生命负责。"他们选择送这个生命去见识更大的世界——在 Chloe 初高中的时候,父母就为她报名了海外游学项目。2000 年的时候,市面上的海外游学项目没有现在这般火热,价格也更高,但是在 Chloe 的父母看来,有些事情一定要在对的时间做,比如青春期是培育性格、理想和胸怀的重要人格塑型期,这个时候去接受不同文化的碰撞和浸润会事半功倍。在这种教育理念的指导下,Chloe 先后参加了两个游学项目:一条路线前往英国,另一条路线前往澳大利亚。也正是游学的经历,让她对英国格外钟情,特别是去了牛津和剑桥之后,她早早地萌生了出国留学的想法,并在读研究生时付诸实践。

剑桥大学校园

新闻传播相关专业融入了很多人文社科的内容，Chloe 在本科阶段接触了社会学、电影学、符号学等，叙事与表达的研究都有涉及，这培养了她深度思考的习惯。在选择研究生专业的时候，她遵从内心选择了最感兴趣的电影学。在英国，华威大学的电影学专业在相关专业排名中位居第一，加上申请前做功课时，他还发现了一位研究方向与她个人研究兴趣高度契合的学者，所以她毫不犹豫地选择了华威大学。

华威大学的电影与电视专业偏向于理论，引导学生对影视叙事进行分析，用批判性的思维分析文本和镜头之下的叙事逻辑。原本就喜欢思考一些社会结构性命题的 Chloe 在这个专业之下，更深化了对现象与本质、社会与个体的剖析与观察。她和这个变幻不定的信息内爆时代保持着适当的边界感，用客观的目光去分析、识别潜藏在热点信息之下的话语及权力的运作形态。

尽管在准备申请学校的时候很顺利，但来到异国他乡学习，她还是遇到了很多问题。最明显的是在全英文的学习环境中，她的阅读速度明显下降，对知识的吸收也感到力不从心。对于一直以来游刃有余的她来说，这无疑是一个前所未有的挑战。既然困难已经摆在面前，那就解决它。Chloe 虚心请教，从同学、老师那里学到了有效速读的方法，掌握技巧后困难也就迎刃而解了。

海外求学带给 Chloe 的不仅仅是理性的思辨能力，还有单纯美好的校园时光。华威大学有绝美的自然风光，至今她还记得在学校宿舍发生的一幕——非常有动物世界·赛博朋克的风格：某天早起拉开宿舍窗帘，她冷不丁看到一只松鼠和一只兔子在打架，而松鼠用非常标准的搏击右勾拳给了兔子一拳，如此原始又荒诞的画面出现在华威大学竟然也十分贴切，毕竟这是一个早起上学会有鹿从你面前呼啸而过的地方。英国留学生活匆匆而过，有建立深厚友谊的导师，有东西方思维碰撞的火花，终于，Chloe 离开了校园，踏入社会，继续她的人生学习之旅。她思考着、阅读着、筛选着社会呈现给她的新信息，以独立思考和为自己负责的方式积极地和世界产生独特的联系。

工作第一课：打好提前量 + 相信自己的价值

在一些关键的时间点，迷茫就像阴冷又绵密的雨，时不时降落在人生的季节中。22 岁的 Chloe 处在学校和社会交接的路口上，强烈的迷茫紧紧攥住了她——什么是最适合她的社会角色？面对当时无解的问题，她选择少想多做。"那个时候的我选择'飘'，只要是机会就抓住，然后根据命运扔出的骰子随机应变。"如果不明白自己想要什么，那么就争取一切机会，然后挑选一张命运赋予的最好的牌。

Chloe 的第一份工作是通过学长的内推获得的，她进入了《欧洲时报》，开始了主编助理的实习生涯。内推是找工作很好的渠道，一些好的岗位可能还没来得及面向社会公开招聘，就已经通过内推找到了合适的求职者。学校本身就是一个巨大的资源网，已经就业的学长会带来所在公司的第一手招聘信息。华威大学作为英国一所名校，同样拥有强大的校友资源，Chloe 就受益于此。

应届毕业生刚进入职场的时候，往往还未意识到校园和社会的巨大差别，或多或少都会经历"学生—社会人士"的身份转变阵痛期，Chloe 亦然。在学校中的她是品学兼优的学生，在那个评价体系中她游刃有余；但是进入工作中，面对工作规则更加残酷、环境更加复杂的行业，她产生了困惑："当时对自己产生了怀疑——我能胜任这份工作吗？如果搞砸了怎么办？学到的专业知识是否足以应付、做好手头的每项工作？"为了防止意外情况出现，Chloe 每次采访前都会提前做功课，仿佛又回到了学生时代，只不过此时没有老师耳提面命的指导。她在每一次采访前，都会演练可能会问到的问题，反复练习那些不熟悉的词语，尽自己最大的努力做准备，这样在面对采访时才会更加游刃有余。

在《欧洲时报》的工作，让她对自己有了新的认识。当她听到自己的专业内容得到别人的夸赞，也会越来越自信，相信自己能够挑战更多类型的工作。尽管忙碌，但是在工作经历中，她得到了另一种有别于校园的成长；在与他人交往的时候，自己的主体性存在也更加清晰，工作带来的成就感与价值感让她的人格也更加丰盈。

工作第二课：向职业偶像学习

2004 年，第一届《超级女声》在湖南卫视播出，万人空巷，总决赛的时候创下了 11.653% 的收视率，那是一个全民参与的选秀节目，也是湖南卫视的一个里程碑式的节目。彼时的 Chloe 还是电视机前忠实的观众，看着电视里的"超女们"魅力四射，那时候她心里也对湖南卫视充满好奇——这些节目是怎么做出来的？

2019 年，曾经在电视机前当观众的 Chloe 正式成为湖南广播电视台的员工——命运很玄妙，总是在你意想不到的地方抛出橄榄枝，让你实现少年时的愿望：Chloe 在一次采访任务中恰好遇到湖南广播电视台的"全球人才校招"活动，当时负责招聘的 HR 问 Chloe 有没有兴趣到湖南广播电视台工作。本就将当年"超女"制片人视为职场偶像的 Chloe 立刻抓住了这个机会,在湖南广播电视台一工作就是五年。

随着媒介技术的不断革新与演进,全民表达的机会与能力大幅度提升,互联网对传统广播电视平台产生了深远的冲击。一些曾经风靡一时的节目逐渐失去关注度,而新媒体平台的多元化声音在社会中广泛传播,传统媒体与新媒体之间的竞争和融合成为当时媒介发展的主要趋势。Chloe 刚刚进入湖南广播电视台就赶上集团内部转型的大动作——从传统媒体全面向新媒体阵地转移,就像刚登上船,船就要掉转方向。曾经那个开辟出芒果时代的行业天才如今成了 Chloe 的领导,所以这份工作,对她而言比起单纯的"打工",更多的是近距离向自己的榜样学习的天赐良机,学习行业弄潮儿在集团转型的时候如何处理问题和困难,思索他们看问题、解决问题的角度,以及他们如何斡旋资源与利益的分配等。如果说以前的 Chloe 是这艘船的参观者,手中只有一张游览的票,那么现在的她已经是这艘船的一部分,她学习着船长的操作和技能,心里想着如果有一天换作自己驾驶这条船,该怎么掌握方向。

心中怀着这样的想法,跟随职场偶像的步伐,她看到了更广阔的世界,思维、格局也随之打开,这就是工作中大平台与优质领导者的影响力——在他们的感染和鼓舞下,在这里,Chloe 和志同道合的人一起做着与众不同的事,力量一点一点积攒于心。此时,她再向高处看,看到的是浩渺的天空和斗转星移的夜空——不知不觉,征途已是星辰大海。

新媒体发展迅猛,形式不断变化,但其核心价值始终如一:什么才是伟大的媒体?它一定是回应社会关切、紧扣时代脉搏的。现在仍有很多学生走出校园,怀揣着"铁肩担道义,妙笔著文章"的新闻理想加入媒体的阵营。Chloe 从他们身上看到了刚毕业时的自己,带着理想与决心进入媒体行业。Chloe 从自身的经历出发，对未来想要进入媒体行业的人给出了一个中肯的建议："不要过分理想化这个职业。"每一份工作都不是想当然地简单和轻松，光凭理想不能应付所有难题，还是要做好迎接困难的准备。Chloe 也建议大家可以尝试在自媒体中学习和实践，现在人人都有手机，把自己的想法用视频或者文字的形式传递出去，也是表达的一种延伸。

在高山可俯瞰群山，也能远眺海岸线。在工作中，Chloe 越发清晰地认识到自己的优势和资源，也更清楚地看到自己想要什么，她进一步"看见"了自己。

人生不设限，去剑桥大学做世界的青年

职业规划被 Chloe 视为人生规划的子集。在她看来，学业、职业经历都是帮助自己加深自我认知、拓宽人生可能性的手段，而非终极目的。如果说工作是给自己筑牢经济基础，那么经历诸多打磨后，Chloe 知道自己擅长什么，想要什么，对自己有了一个相对清晰的认知，这是她的上层建筑。当经济基础和上层建筑都达到了一定预期时，剑桥大学与创业，这两个人生计划清单上的事项便顺势而来。

兜兜转转，Chloe 又回到了英国读书，这次她选择到剑桥大学读MBA。选择读 MBA 的人大多都有工作经历，他们或者是想转换职场赛道，或者是想突破职业瓶颈，争取更大的升职空间。同班的既是同学，也可能是未来的商业合作伙伴。Chloe 想要获得更多的创业资源和经历，更重要的是遇到志同道合的精神挚友。

极光下的剑桥大学圣约翰学院

　　申请剑桥大学 MBA 的难度远远超过 Chloe 的预期，它的要求之烦琐甚至远远超过申请剑桥大学的文科硕士，申请论文、雅思、GRE 成绩，商学院教授面试……一个也不能落下。高要求的原因在于在欧美，完善的就业市场使得 MBA 学位与薪资待遇直接挂钩，显著影响工资水平，所以学校为了满足市场需求，会为企业输送高质量人才。这就导致了海外 MBA 课程几乎都是地狱模式。Chloe 最忙的时候课表从早排到晚，除了要上 9 节课，圣诞节 4 门考试和 4 篇论文也不能落下。那些来自全球几十个国家和地区、曾经在各行各业都小有成绩的人，如今面对这么多的课程和作业同样焦头烂额，大家戏称"早知道这么辛苦就去环游世界了"。

　　"底气来自实力。"若想拥有打破人生常规的勇气，就必须具备为自己的选择负责的担当——没有白走的路，过去走过的每一步都算数，说不定哪天就会成为开拓人生新可能的 Plan B，这是 Chloe 的人生哲学。在椭圆机上一边锻炼一边背单词的时候，在向榜样学习的时候，她在为

剑桥大学课堂

自己的未来储备技能和资源。对英语的持续精进，使她终于叩开了剑桥大学的大门。在工作之余，她对榜样的观察和学习，也激发了她干事创业的冲劲和对理想的执着追求。

人生不设限——Chloe的人生才刚刚开始，也许节奏很慢，也许偏离世俗对所谓成功的单一功利定义，但是比起从众和受制于他人的看法，她作出了贯彻自我意志的选择。这一路上，她一边继续学习各种各样的智慧与知识，一边无数次重温、坚定地践行着经过思考后建立的自我意志和属于自己的人生理想。在人生的三万天旅程中，她一步一个脚印，慢慢地，不被任何其他人的时钟所动地——见自己，见天地，见众生。

兴趣是最好的职业规划：
在大健康行业稳扎稳打的"注册营养师"

每个人都是一个独立的星球，在自己的轨道上运行着。如果从求学、就业的角度观察聂天慧，她坚韧又聪颖的形象跃然纸上。高中时代追求美的一段经历，让她更加关注健康，而后来健康竟贯穿了聂天慧求学、求职的全程，让她在自己感兴趣的道路上越走越远。对于很多经历职业迷茫期的人来说，聂天慧的路径仿佛是一条不可复制的幸运之路。与其说幸运，不如说是她对自己的了解更深入，其他的收获都是热爱的衍生品。

从关注自我健康到进入大健康行业

与很多人的迷茫不同,无论是求学还是职业发展,聂天慧都是有明确目标的,几乎没有经历过因为不知道如何选择专业、行业而产生焦虑。

高中时,女孩子变美的意识比较强,看到很多同学为了保持身材刻意减肥而损伤身体,聂天慧便早早意识到健康的重要性。在这个内因的驱使下,高考选择专业的时候,她果断地选择了与营养、健康息息相关的食品科学与工程专业,希望通过更加专业的学习将自己感兴趣的"健康"科学化、专业化。大学四年的学习,聂天慧掌握了专业知识,但要做到从关注健康转变为守卫更多人的健康,还需要到真正的工作岗位上去磨炼,毕业生都将面对的求职大关也出现在了聂天慧的面前。

当初选择这个专业的时候,聂天慧是出于自己的热爱,因此面对众多的公司和岗位,她并没有在"乱花"丛中迷失自己,她将自己就业的方向精准定位在大健康行业和医药类外企,这样的选择既与她所学的专业高度契合,也能满足她深入探索健康行业的愿望。最终,聂天慧收到了来自安利公司的 offer,成为一名管培生。经过一年轮岗及两年营养培训主任岗位的工作后,又恰逢健康品牌斯维诗(Swisse)加入健合集团,正式进军中国市场,聂天慧又顺势进入健合集团工作五年,负责营养品类科学传播、与专家合作推动临床研究等。

清晰的职业规划让聂天慧少了一些迷茫,她能够将更多时间和精力放在自己的职业探索上。八年的工作经历,两家头部公司,一路"打怪"

升级，让她从一个管培生成长为可以独当一面的高级经理。这样的职业发展路径，一方面得益于较早了解自己的兴趣与热爱所在；另一方面也离不开一些幸运因素：毕业的时候恰好赶上行业起步发展的关键时期，她能够进入一家优秀的公司。随后，又赶上斯维诗进军中国市场，她便顺势而为，开启了新的征程。

相较于聂天慧明晰的职业发展之路，当下很多年轻人对自己未来的发展并不清楚，完成了社会及家人期待的求学之路后，面对就业市场时才发现自己准备得不充分，不知道该选择什么方向，甚至频繁更换工作岗位后也没有找到感兴趣的方向。

面对这样的情况，聂天慧作为一个资深的"打工人"，给出了一个非常中肯的建议——要先了解自己。"定量地去挖掘和了解自己，以及了解你想要去的那些平台，然后再选岗位，这样不会太有撕裂感。"对自己充分了解之后，在选择平台和岗位的时候会更有针对性，比如一个非常内向且不善言谈的人，如果去做一份需要大量社交的工作，可能会觉得特别痛苦。

所以，聂天慧认为在找工作之前，先了解自己很重要，先找到自己感兴趣的方向，再逐步拓宽范围，这样可以减少一些抉择时的迷茫。

从头部公司到帝国理工学院，回归学生身份

八年的时间，就职过两家头部大健康消费品公司，从管培生到高级经理，在外人看来，聂天慧年轻有为，前途无量，应该在工作岗位上奋

发向上，继续寻求更快的发展，但聂天慧选择了另外一条路，让一切"清零"，重新回归学生身份。

聂天慧留学的想法并非头脑一热的冲动，而是埋藏已久的心愿。她在读本科的时候便产生了出国留学的想法，同时也拿到了头部公司管培生的 offer。两相权衡之下，聂天慧选择先去职场历练自己，但留学的想法一直藏在心里。

也正是工作的经历让留学的想法破土而出。在后期的工作中，当需要和教授合作进行临床研究的时候，聂天慧发现自己在临床方面仍有所欠缺，再加上自己的职业发展进入了舒适期，她想是时候有所突破了，留学这个本就在她人生计划中的事项便提上了日程。

聂天慧将目标锁定在帝国理工学院。帝国理工学院是英国老牌的知名大学，2025 年 QS 世界大学排名中，帝国理工学院出色发力，跃升至全球 TOP 2，而聂天慧选择帝国理工学院，不单单是因为这个学校的名声，还因为它的专业。帝国理工学院的医学院临床研究包含人类营养学专业，这个专业既与聂天慧以往的工作内容有衔接，又弥补了她在临床研究知识体系方面的不足，于是聂天慧决定将目标对准帝国理工学院。

第一年申请时因为提交申请较晚，错失了录取的机会，尽管也拿到了 UCL（伦敦大学学院）、KCL（伦敦国王学院）的 offer，但是因为疫情，只能上网课，这样的学习方式体验感很差，于是聂天慧决定放弃已经取得的 offer，再战一年。第二年她早早递交申请，最后如愿拿到了帝国理工学院的 offer。谈及自己的两次申请经历，聂天慧也希望后续申请名校的学子能够早做规划、早做准备，为自己的留学申请留出充足的时间。

在职人员申请留学，时间和精力远不如在校生充足，这就需要申请者对目标和时间的安排有较强的规划性。聂天慧也深知这一点，所以她把准备的战线拉长，例如把准备语言考试的时间延长至一年，在不同阶段设定一个自己够得到的目标，这样既不会与工作冲突，也能让自己的准备工作做得更扎实，而这也让她在申请帝国理工学院的时候更加游刃有余。

留学打开了视野，也滋养了更多自信

从职场人回归学生，阔别八年再次重返校园，身份的转换并没有让聂天慧不适应，她很快进入享受留学之旅的状态中，并且因为自己的工作经历，在回归学生身份之后，聂天慧在生活与学习中非常积极，在学习的时候也更有针对性，清楚地知道自己需要什么样的知识。此外，还有一种更为深沉的情感在聂天慧的心中，她比读本科的时候更加珍惜这次学习机会。这是漫长人生之旅的一次短暂休假，收拾好心情后，再出发前往更广阔、更精彩的世界。

留学能够带给自己什么？当这个问题被问起时，聂天慧首先回答的是自己的视野更开阔了，更自信了；其次是面对未来更加有勇气。所经历的事情都会堆叠成自己的阅历，当人经历过与海浪的搏斗，回归江河时的风浪便不值得一提。对于聂天慧来说，留学就是那片海，她相信现在自己内心拥有更多的力量。

聂天慧与毕业玩具熊合影

除了内在的自我成长,留学带来的直观收获同样也很多。聂天慧回顾自己进入目前这家世界 500 强超头部快消外企的过程,帝国理工学院的学历背景让她顺利通过简历初筛,而留学期间赋予她的语言能力,让她面对英语面试甚至以后的英语工作环境更加游刃有余。在外企工作,语言是必备项,留学生具备一定的天然优势,而像世界 500 强企业,对工作人员的要求相应会更高,名校的头衔加上之前的工作经验及自身的实力,聂天慧最终再次拿到了名企的 offer。

随着社会的不断进步,"大健康"行业内的企业不再单纯地关注单一产品,产品的种类也随着人们不断涌现的需求而迭代更新,围绕产品而产生的宣传、传播也愈发受到重视。如今"大健康"行业内的岗位更多,对人才的专业性和综合能力的要求也更高。

虽然行业在变化，但是聂天慧拥有的学识和能力能够让她积极适应变化，作出最有利于自己的选择，这就是她能够不断获得好职位的关键。

聂天慧参加工作会议

热爱让人走得更远，主业、副业两开花

对自己本职工作的热爱，也让聂天慧"意外"收获了自己的副业，成为一名在小红书平台传播健康的博主，她会在小红书上分享自己的专业知识，为众多用户科普健康与保健常识。之所以说"意外"，是因为起初聂天慧并没有运营小红书账号的打算，而是在一次偶然的工作机会中萌生了自己传播健康知识的想法。公司需要找一位形象好又拥有专业知识的博主，但并没有找到合适的人选。当时市场上兼具专业性与传播能力的人更是少之又少，于是聂天慧陡然生出一个念头："自己为什么不试试？"她尝试在小红书发布了几期内容，很快，有一篇讲胶原蛋白的视

第 2 部分　跨界突破：未来人生不设限　　081

频有了非常好的流量。

当初的一个念头如今已经生根发芽，聂天慧在小红书已经拥有了超六万的粉丝（@注册营养师Tina呀），而谈及如何在主业和副业之间寻求平衡的时候，聂天慧笑着回答："挤时间去做。"她并没有强迫自己保持一个较高的更新率，而是在保证视频质量的前提下，尽可能地更新内容，向大家传播健康知识。

无论是主业还是副业，二者的发展既得益于聂天慧早早便发掘出自己感兴趣的领域，又离不开她始终在自己感兴趣的领域深耕。有些人凭借热情勇敢为自己打拼出一番天地，而聂天慧属于另一种人，"谋定而后动"，从不冒进，却也不轻言放弃，内心有一股温柔而坚韧的力量。

虽然聂天慧很早便确认了自己的兴趣和职业方向，但同样也经历过求职季，明白找工作时的迷茫，所以她建议在找工作前，第一要确定自己的倾向性。例如，如果对市场、HR、供应链都感兴趣，那么投简历的时候集中投这些领域，然后在自己拿到的offer里择优。如果连求职的倾向性都没有，那么就投大平台，大平台所赋予的成长空间更广阔，无论未来是换公司还是自己创业，在大平台工作的经历都对未来发展有很大的帮助。

聂天慧用"观察型"来形容自己，尽管工作岗位种类多，但回归到个人身上时，她建议每个人首先还是要了解自己是什么样的人，再了解工作环境，在工作环境中先学习和观察，再结合个人情况找到自己可以发挥的点。

兴趣不仅是最好的老师，也是最好的引路者。聂天慧在兴趣中找到了自己前行的方向，她并没有给自己设定在某个年龄段一定要取得某种成就，而是遵从自己的内心，朝着自己热爱的方向前行。人生漫漫，每一种选择都有意义，聂天慧找到了自己的栖身之所，希望大家也不要迷茫，只要向前，总能找到适合自己的职业方向。

从工科院校走到 UCL，
再到三尺讲台建设家乡

　　合肥工业大学商务英语专业的学习经历为李茜瑞奠定了坚实的语言基础，但面对未来职场的挑战，她深知仅凭本科学历难以满足个人发展的需求。于是，她走出国门，前往英国深造，开启了一段充满挑战与收获的留学之旅。

选择留学的初衷

选择留学并非一时冲动，而是深思熟虑后的决定。在李茜瑞看来，作为工科大学的英语专业学生，尽管学校的教育质量不错，但自己在专业深度和广度上可能无法与专门的语言类或综合类大学的学生相媲美。此外，英语专业在国内继续读研似乎意义不大，于是她希望通过留学来拓宽视野，提升自我。

当时大四的她虽然并没有真正踏入社会，但是早早就知道就业形势的严峻，于是想着早点参加工作、避免日后遭到更激烈竞争的李茜瑞将英国的一年制硕士作为心中的理想选择。而且等以后工作稳定下来，自己还能再去读个在职博士，这样既有收入，又不会让自己陷入被动。

在申请的专业方向上，李茜瑞最初考虑了教育学和翻译两个方向。经过深思熟虑后，她最终选择了教育学。她认为虽然翻译专业性强，但可能就业面比较窄，而且对于她来说，追求高层次的翻译职业难度较大。

而教育学就不一样了，就业面比较广，可以考公、考编，也可以做老师。不仅如此，她之前在教育机构担任雅思口语助教的实习经历，也让她深刻体会到了教育工作的魅力。确定好专业方向，李茜瑞就开始专心准备语言考试和申请材料。全身心的备考和用心准备翔实的申请材料，使她最终获得了伦敦大学学院（UCL）的青睐，也成功就读了自己心仪的教育学专业。

李茜瑞在留学期间拍摄的照片

留学期间的挑战与成长

刚到英国时，李茜瑞面临诸多挑战。语言的障碍让她在课堂交流中倍感吃力，不同的口音和语速让她一度难以适应。但她没有放弃，通过录音、请老师放慢语速等方式逐渐克服了这些困难。这段经历不仅提升了她的语言能力，更让她学会了如何在不同文化背景下进行有效沟通。

在学业上，英国的教育体系也给李茜瑞留下了深刻的印象。严格的时间管理和邮件沟通方式让她养成了良好的时间观念和自我管理能力。她回忆起自己写毕业论文时，必须在规定的日期前完成所有任务，否则将无法得到老师的指导和帮助。这种"宽严并济"的教育方式让她更加珍惜时间和机会，也让她在未来的工作和生活中受益匪浅。

李茜瑞镜头中的英国街道

　　李茜瑞在英国的时候，几乎所有与学业相关的通知、作业提交甚至答疑都高度依赖电子邮件。在撰写毕业论文时，老师们明确告知，7月30日是提交初稿及完成答疑的最后期限，因为之后他们将放假，不再接收任何材料。这种明确的界限感让她印象深刻，所有任务都必须在规定时间内完成，否则将无法获得后续的教学支持。

　　相比之下，国内的学校并没有那么严格的时限划分。学生们更倾向于通过 QQ 或微信等即时通信工具随时提问，而国内的老师看到信息也会即时回应。然而，在英国的经历让她意识到，设定明确的截止日期并严格执行，能够帮助学生建立起对时间管理的重视和责任感。

这种差异对她来说是一个积极的转变。以前，李茜瑞可能不太重视截止日期的重要性，但留学经历让她对"deadline"有了全新的认识和警觉。现在，无论是工作还是生活，李茜瑞都更倾向于制订清晰的时间表，并严格遵守，这样的安排不仅提高了效率，还减少了拖延现象的发生。

UCL名校光环：人才引进免除笔试

李茜瑞在研究生毕业回国后，曾面临长达半年的待业期。这段时间里，她并没有中断寻找工作的机会，采取了"广撒网"的策略。她跟周围的朋友说，有任何招聘信息都发给她，不管是什么岗位，她都想去试试。同时，她也在网上积极投递简历，希望能在众多机会中捕捉到那一抹属于自己的光芒。

有一次在外面参加面试的途中，李茜瑞的妈妈忽然转来一条微信公众号上的招聘启事，原来是老家有一所学校正在通过人才引进的方式招聘教师，这个计划针对的是国内外顶尖院校的优秀毕业生。她仔细查看了招聘要求，发现自己的学历背景符合其人才引进的标准，于是决定尝试申请。

人才引进的考核包括结构化面试和试讲两个环节。面试当天，李茜瑞就感受到了激烈的竞争，她所在的那一组大约有10个人，而最终只录取1个人。同组求职者中不乏来自名校的博士生和具有丰富实践经验的人。经过结构化面试和15分钟试讲，她凭借扎实的专业素养和出色的临场表现，最终从众多求职者中脱颖而出，成功获得了这个宝贵的职位。等到成绩公布的时候，她又觉得自己特别幸运，因为竞争对手都很强，有一个博士生，还有一个澳大利亚毕业的教育学硕士，他们都有很好的教育背景和实力。

在谈到自己能够成功获得这个职位的原因时，她特别提到了自己所在的大学——UCL 对她的帮助。UCL 的排名和专业实力很强，这在一定程度上帮助她免去了笔试的环节。如果她当时没有去 UCL 读书，就无法参加老家那所学校的招聘，只能考普通的事业编考试。那样就得先参加千军万马过独木桥的笔试。

此外，这次幸运的求职经历也让她意识到，很多时候机会就隐藏在那些看似不起眼的角落里。比如这次人才引进的招聘启事其实只发在了招聘学校的官网和公众号上，如果只关注普通的求职招聘平台，那么她就会错失这次机会。因此，她建议正在找工作的同学们要时刻保持敏锐的洞察力，积极搜索并关注各类招聘信息，想去哪一个领域，就要关注这个领域的信息招聘渠道，无论是官网、公众号，还是第三方信息发布平台，都可能是发现机会的宝库。

自信是成功的关键

在获得现在的工作之前，李茜瑞还参加过某银行的面试。当时她的专业背景是本科商务英语、研究生教育学，与银行业务的相关性并不强。相比之下，同组的其他两位求职者学的都是财务专业，从专业对口程度来看，他们更具优势。然而，最终她这个"门外汉"却成功脱颖而出，获得了这个职位。

后来她反思整个过程，认为自己之所以能够胜出，很大程度上归功于在面试官面前的自信表现。面试过程中，她敢于表达自己的想法，甚至不吝于自我推荐，这种积极的态度和自信的表现可能给面试官留下了深刻的印象。

她记得特别清楚，当时一起面试的一位男生，尽管他的学历背景非常出色，但在面试过程中表现得非常不自信。他低着头，和别人聊天时回避眼神交流，说话声音小而且紧张。这种不自信的状态或许在一定程度上影响了他的整体表现，导致他最终未能获得面试官的青睐。

所以在面试中，除了专业技能和履历背景，自信的态度和良好的沟通能力同样至关重要。它们能够让你在众多求职者中脱颖而出，给面试官留下深刻的印象，从而增加获得职位的机会。"即使内心感到不安，也要在面试时表现出自信。"李茜瑞说这是她的"制胜法宝"。她以自己的经历为例，讲述了如何在面试中通过"添油加醋"地讲述自己的实习经历来增强自信心。她认为，适度的"自我推销"并非虚伪，而是对自己能力的一种积极肯定。同时，她也鼓励自己带的学生将来在面试中敢于表达自己的观点和看法。即使这些观点不完美，也能让面试官看到你的思考能力和表达能力。

生活中的另一面：不喜欢计划的游戏爱好者

除了教育工作，她还有一个鲜为人知的爱好——打硬核游戏。"很多人可能觉得女孩子不爱玩游戏，但我认识的玩游戏的女孩子非常多。"她笑道，"我特别喜欢打单机游戏，觉得这是一种很好的解压方式。"她很喜欢打那种比较硬核的游戏，还有恐怖解谜游戏，玩恐怖游戏让她在生活中变得更加勇敢，敢于面对困难和挑战。"别人都是看那个房间好黑，不敢进去，我就说，进去还能怎么样，先进去再说，就硬着头皮上。"现实生活中碰到一些困难，她也会把玩游戏时的态度拿出来，迎难而上，然后也就做下来了。她说恐怖游戏确实锻炼了她的胆量，让她变得敢于尝试。

不仅如此，她在生活上其实并不喜欢做太多规划，总觉得与其想来想去，不如先着手去做，只有行动起来才知道问题出在哪里，才能及时调整策略。对于要做的事情，她通常会有一个大致的想法，但具体怎么实施，会等接触了再说。比如，她有个学妹也打算出国，然后问她英语怎么考，李茜瑞就说"你先去刷题，刷了你就知道你要改进哪些地方了"。就像打游戏一样，你无法预知前方会遇到什么样的困难，但只要你动起来就一定会找到出路和解决方案，停留在原地只有死路一条。

李茜瑞笑道："计划赶不上变化，这是我的座右铭。"然而，正是这种随遇而安的心态，让她在工作中能够灵活应对各种挑战。其实人生很多道路不是计划来的，会受很多不可控因素的影响。比如 2022 年她毕业回国时正值新冠疫情，如果当时没有疫情，李茜瑞可能会像很多刚毕业的年轻人一样，选择去大城市闯荡闯荡，那么现在的工作也就无从谈起了。

如今，李茜瑞如愿进入了教育行业。谈及现在的工作，她表示很庆幸自己没有选择去当时找工作时的备选机构——银行。"我有个朋友在银行工作，每天下班很晚，虽然收入比我高，但压力也大。"她坦言自己是一个"有钱挣、有命花"的人，知足常乐的心态让她更加珍惜现在的工作和生活。

从"双非"院校到世界 300 强企业："95 后"工程师的破茧之路

在数字浪潮席卷全球、人工智能炙手可热的今天,既精通技术又深谙业务的复合型人才弥足珍贵,而郑冲正是连通二者的"桥梁"。从"双非"院校到曼彻斯特大学,从计算机工程到人工智能,从技术开发到数智化转型,他的经历生动诠释了新一代 IT 从业者如何在新时代的浪潮中把握机遇,向上跨越,实现自我突破。

成都：留学梦想的起点

2023 年的盛夏，郑冲怀着满腔热忱加入了一家锂电龙头公司，负责测试设备开发相关工作。凭借扎实的人工智能专业背景，短短数月，他便被任命为部门的数智化 AI 专员，协助推动整个部门数智化转型。

这一调整水到渠成，虽然工作时间不长，但郑冲敏锐地发现了公司在数智化转型中存在的问题："业务部门的同事大多具备电子电气或计算机背景，但对人工智能这一前沿领域往往缺乏足够的了解。而专门负责人工智能的技术部门，对具体业务场景的理解又不够深入。"正是这种割裂状态，让郑冲这样的复合型人才有了大展身手的机会。

回溯郑冲的成长轨迹，在本科阶段，虽然前路尚显迷茫，但他已经开始为今后的发展谋篇布局。在成都读大二的那年，郑冲开始筹划留学之路。

"选择留学目的地时，主要从经济成本和时间周期两个维度进行权衡。"郑冲说，"我给自己设定的留学期限是一到两年，经过深入了解和反复斟酌，最终选择了英国。相比于三年制研究生，在英国只需一年就可以获取学位，随后工作两年，不仅总体时间周期相当，工作收入还能抵消一部分留学开支。"这番精打细算的背后，是他对自身发展的理性思考和清晰规划。

成功获得两所英国名校的录取后，郑冲最终选择了曼彻斯特大学。除了更高的 QS 排名和城市生活的便利性，更关键的是他看准了人工智能这一交叉学科。"那时人工智能正处于蓬勃发展期，国家也出台了相关人才引进政策。我认为这个方向大有可为，发展前景广阔。"

曼彻斯特：一段不停歇的奔跑

2021 年的秋天，郑冲踏上了曼彻斯特的土地，开启了他的研究生求学之旅。作为首次出国的留学生，他面临着语言和文化的双重挑战。特别是语言方面，由于雅思成绩和学校要求相差 0.5 分，他还需要同步修读语言班课程。但得益于充分的心理准备，对他而言，克服这些困难更像成长路上的一场常规历练。

"入学前我收到了学校住宿管理部门的邮件，询问是否需要和本国留学生同住，我特意要求不安排中国室友。"郑冲回忆道。最终，他与一名韩国留学生和两名蒙古国留学生成为室友。

"总是找机会往厨房跑，去和他们聊天。"共用的厨房俨然成了一个小型的语言训练营。在这里，郑冲与室友们探讨各类话题，从经济发展到前沿技术，从历史渊源到政治变迁。这些交流并非单纯的口语锻炼或是单词量扩充，更重要的是培养了他的跨文化交际能力。

这段经历，在郑冲后来的职业生涯中也发挥了意想不到的作用。"作为数字化转型专员，需要和各种不同背景的同事打交道。留学期间培养的沟通能力，让我能更好地在业务部门和技术部门之间起到桥梁作用。"

相比于语言关的突破，更严峻的考验来自紧张的学业，郑冲需要在短时间内完成三个学期的课程和毕业论文写作。虽然前两个学期的课程对于专业跨度不大的学生来说难度相对适中，但最后一个学期的毕业论文写作时间不足半年，如果选题方向有偏差，很可能功亏一篑。为确保能在有限的时间内高质量完成毕业论文，郑冲选择了一个自己较为熟稔的"GPU 加速"作为研究方向。这一领域不仅与他本科阶段的研究方向高度契合，而且他已经积累了扎实的理论基础和实践经验。

论文写作过程中，郑冲采取了高频次与导师沟通的策略。他深信，与导师保持密切的面对面交流，能够及时获得指导和反馈，从而快速调整研究方向和解决问题。这种认真严谨的治学态度也得到了导师的充分认可，后期导师甚至建议他将沟通会议的频率从每周一次改为每周两次。最终，凭借对研究领域的深刻理解和孜孜不倦的求知精神，郑冲收获了"Distinction"（特等）这一英国最高等级硕士学位，为自己的留学梦绘上了点睛之笔。

郑冲在曼彻斯特博物馆前

现在：技术到数字化的跨越

完成学业后，郑冲和许多留学生一样面临着去留的抉择。权衡家庭因素、生活规划和职业发展后，他最终选择了回国发展。

临行前夕，郑冲专程去向一位已在英国就职的同学道别。踟蹰在异乡的街头，不经意间发现一轮硕大的满月悬挂天际，仿佛一盏明灯，照亮了他脚下的路。古人今人若流水，共看明月皆如此。这一刻，望着月上中天，郑冲内心涌动着复杂的情绪。一年的留学生涯已到尾声，虽然前路未卜，但这段求学经历已经在他的人生中留下了深深的印记。

回国后，郑冲选择先在招银网络科技有限公司实习。三个月的实习让他深刻体会到了理论知识与实际应用之间的差距。"在校园里，老师更注重思维方式的培养和专业知识的积累，但在工作中，更侧重如何把理论知识转化为实际应用，包括解决问题的能力、沟通协调的技巧、任务管理的方法等。这些在求学阶段看似无关宏旨的能力，在实际工作中却显得尤为重要。"

这段实习经历不仅帮助他巩固了专业知识技能、理解了工作思路，更重要的是让他接触到了先进的技术理念和管理方法，为日后的工作奠定了坚实的基础。

2023年的春招结束后，郑冲获得了两份来自世界300强企业的工作邀约——一家全球领先的ICT（信息与通信）公司和一家锂电龙头公司。经过一番权衡，他最终选择了后者。"新能源产业方兴未艾，势头迅猛，公司也正处在急速扩张的时期，对个人职业发展大有裨益。"郑冲如是解释他的选择。

工作地点也是正中下怀。不同于大部分毕业生偏好北、上、广、深等城市，他更倾向于节奏相对从容的城市。"一线、新一线城市的生活节奏太快了，并不太适合我的偏好，这一点在投简历之前我已经想得很清楚了。"

在公司，郑冲的工作职责主要包括两个方面：一是担任测试设备开发工程师，负责工厂测试设备的软件开发；二是作为部门数智化 AI 专员，连接业务部门与技术部门，推动人工智能技术在传统工业领域的落地应用。

作为一名职场新人，他也遇到了不少挑战，首先就是对业务场景的理解。"以最基础的代码开发为例，工厂更注重的是安全性、实时性，而互联网企业则更强调可用性和并发性，这是二者之间最显著的区别之一。"郑冲说道。

而作为数智化 AI 专员，他则需要解决不同部门对人工智能及业务理解上存在的偏差。"数智化转型不仅仅是技术升级，更是思维方式和工作模式的转变。很多企业在这个过程中都面临一个共同的难题：技术部门和业务部门之间存在认知'鸿沟'。"郑冲解释，"技术部门精通人工智能等前沿技术，但对具体业务场景理解不够深入；业务部门了解实际需求，但对新技术应用相对陌生。而我的优势在于本科积累了扎实的开发经验，研究生专攻人工智能，现在又在业务部门工作，这种复合背景让我能够有效地弥合这道鸿沟。"

在日常工作中，郑冲负责评估各类人工智能技术在业务场景中的应用。"比如，我们会考虑在哪些环节引入机器学习算法来提升效率，或者利用计算机视觉技术增强质量控制。关键是要确保这些技术应用可以切实解决业务痛点，而不是为了用技术而用技术。"

在技术落地过程中，人文方面的考量也必不可少。"数智化转型往往会带来工作方式的改变，这需要员工的理解和配合。我会投入很多时间和同事沟通，了解他们的顾虑，解释新技术带来的便利，帮助他们逐步适应变化。在这个过程中，留学时培养的跨文化沟通能力发挥了重要作用。"郑冲如此总结道。

未来：追逐满月再次升起

对于当前 IT 行业普遍存在的"35 岁危机"，郑冲也有自己的考虑。在他看来，作为程序员需要未雨绸缪，深入思考职业生涯的长期发展。"年龄确实是一个不容忽视的因素。35 岁之后，很多人都会遇到就业方面的挑战，所以必须有横向发展的空间。"也正是基于这样的考虑，他在工作中积极寻找机会，将自己的专业优势转化为职业竞争力，人工智能的专业背景，恰好为他开启了职业的新方向。

另外，郑冲也认为数智化转型给经验丰富的技术人员提供了新的发展路径。随着年龄增长，技术人员对业务的理解更加透彻，积淀了大量的项目经验，这恰恰是数智化转型中的宝贵资产。转型不仅需要了解新技术，更需要深入了解业务，并且能够快速准确地判断技术应用的场景和价值，而这正是年轻工程师所欠缺的。

漫步于公司园区，郑冲常常仰望夜空，想起在英国观看的那轮满月。两年光阴飞逝，曾经在月光下感慨未来的年轻人，如今已经找到了自己的人生目标。"留学的经历让我学会了用更开阔的视角看问题，也让我认识到持续学习的重要性。如果没有这段经历，从'双非'院校毕业的我可能很难获得现在的工作机会,在职业选择上也不会有这么多可能性。"谈及未来,郑冲也在工作中逐渐有了更加清晰的规划,"当前的技术迭代速度很快,几乎每天都有新的工具和方法出现,因此必须保持学习的状态,不断更新自己的知识储备。在数智化转型的浪潮中,十分重要的一点是主动拥抱变化,勇于接受挑战"。

在面向人生未知的探索中,郑冲更加坚定,坚定执着地向前,追逐那一轮满月再次升起。

从斯坦福到国企：
预先规划，更好地把握人生

从初入大学时的未雨绸缪，到斯坦福求学时的孜孜以求，再到回国后在国企的稳健发展，项远求学与职业发展中的每一步，都展现了预先规划的能力，描绘出一幅追求卓越的成长画卷。他的故事，诠释了跨文化学习如何塑造一个人的全球化视野与创新思维，反映出海外留学的深层价值。

预先规划：留学路上的挑战与成长

人生的转折往往始于一次"意外"。高考结束的那个夏天，项远虽未如愿进入心仪的大学，却在看似挫折中找到了新方向。甫一入学，他就着手为出国深造做准备。这个决定并非一时兴起，而是源于对知识与持续深造的渴求，以及对未来职业竞争力的理性考量。

"开学后的第一个周末，我就拉着父母去报了托福培训班。"项远回忆道。对他而言，留学不仅是开阔视野的契机，更是一个差异化发展的战略选择。

大三时，通过交换项目，项远在美国加州大学尔湾分校进行了为期半年的学习。这段经历如同揭开面纱，让他得以一窥美国教育的"真容"。"那时开始对美国的教育体系和多元文化有了直观的了解和感受，也更加坚定了去美国攻读研究生的决心。"在项远看来，美国教育体系的多样性、开放性，美国学位在全球范围内的较高认可度，能够为职业发展提供更多可能性。

然而，留学之路并非坦途。语言成为第一道需要攻克的难关。尽管投入了大量时间备考，首次托福考试仅获得83分，这让项远感受到了压力。面对这个远低于预期的结果，他没有放弃，而是以更大的决心投入学习，直到第七次以113分的成绩实现突破。"英语学习是一条长期的'战线'。"项远感慨道，"如果在语言能力方面有所不足，一定要提前准备并持之以恒。"

除了语言能力，如何在申请材料中凸显个人能力和独特之处，也让项远费了一番心思。科研经历是很多学校关注的重点，但对于本科生而言，能接触到的课题常常受导师研究方向的影响，难以形成系统性的研究脉络。对此，项远仔细梳理了与申请专业相关的国内外学习经历："这些项目的共性是进行抗灾方向的研究，不同点则在于研究对象既有发达国家，也有贫困落后的海岛地区，进行结构设计时需要因地制宜，从钢铁到木材，不断探索最优解决方案。"清晰的逻辑在一次次思考中渐渐浮现，也让他信心倍增，向斯坦福大学、麻省理工学院、加州大学伯克利分校等全球知名学府投出申请，最终如愿以偿。

负笈加州：开阔视野，培养能力

带着兴奋和期待，项远踏上了前往斯坦福大学的留学之路。两年的校园时光给他留下了深刻的印象：远眺校园中心的西班牙风格红瓦建筑群，阳光洒落屋顶，散射出温暖的金色光芒；胡佛塔巍然矗立，俯瞰着四季常青的棕榈树迎风摇曳；骑行穿过绿意葱茏的大道，古典与现代交织的校园氛围让人不禁沉醉其中。

项远在斯坦福大学

更令项远难以忘怀的，是斯坦福独特的学术氛围与丰沛的教育资源。他特别提到了名为"Advanced Building Modeling"（高级建筑建模）的课程，该课程的设置与教学方法在几年后他依然记忆犹新。

课程既要求学生掌握专业软件技能，又强调创新思维的培养。有别于传统的教学模式，授课教师不会逐一讲解软件用法，而是让学生根据需求，通过校园网络平台自主学习教学视频，并在实践中灵活运用所学知识。

"课程的设计鼓励我们在团队合作中发现问题，解决问题。"项远解释道，"每个人都能充分发挥创造力，设计出属于自己的、独一无二的建筑作品。"这种教学方式不仅教授了专业知识，更锻炼了团队协作与项目管理的综合能力。

斯坦福优质的教学资源也让项远感受到了被重视和支持。每周5—6个小时与助教的课外见面时间，多名助教几乎随时随地为学生提供解答和辅导，教授在课余时间也尽心尽责。"他本身在建筑公司任职，对专业软件了如指掌，可以解决所有疑难问题。除去在公司的工作时间，教授常在校内办公室为学生解答问题，甚至会工作到晚上九点钟之后。"

斯坦福的学习经历不仅让项远开阔了视野，也进一步提升了他的学习能力。作为本科成绩排名第一的学生，他总结道："研究生课程的难度较高，一定要认真对待每次作业，管理好时间节点，把功夫下在平时。"通过合理规划时间，提前准备，项远成功收获了满绩点的好成绩。这也让他意识到，留学不仅是获取知识的过程，也是个人成长和思维方式转变的重要阶段。

回国就业：将国际视野融入本土实践

在美国完成学业后，项远面临去或留的选择。经过深思熟虑，他坚定地选择了回国。这个决定源于他对国内生活的热爱和未来规划。"我是一个非常喜欢美食的人，留学期间还拍摄了一系列以斯坦福食堂为主题的短视频。但无论在食堂还是点外卖，吃的全部都是中餐，是个典型的'中国胃'。"

更重要的是，国内蓬勃发展的市场为他提供了广阔的施展空间。项远选择扎根北京，将留学期间培养的国际视野与国内的行业需求相结合，探寻属于自己的一片天地。之所以选择国企，是因为既看重其稳健的发展平台，又考虑到"长安米贵，居大不易"，国企能够提供较为完善的福利保障体系，可以舒缓年轻人在大城市打拼的压力。

求职过程中，项远经历了笔试、面试两轮考验。"笔试的方式比较灵活，可以在美国远程作答。内容类似公务员考试的行测和申论，当然难度会相对低一些。备考行测没有什么捷径可言，就是踏实刷题和积累素材，针对性地练习写作。整体而言，和准备其他类型的考试并没有太大的区别。"他如是总结道。

在面试环节，他发现面试官更注重考查应聘者的综合素质，而非单纯的专业知识。"他们更多通过情景式问题考查求职者的思维方式和处理问题的能力，而不是简单考查学术背景或技术细节。从一定程度上讲，求职者表现出的潜力和解决问题的能力可能比展示成就更重要。"

项远的留学经历在求职过程中也起到了推动作用。首先，海外名校的学历，在国内就业市场上具有优势，更容易受到青睐；其次，全球化浪潮下，很多公司希望引进具有国际视野和不同思维方式的人才，因此留学生的身份也成了加分项。

初入职场：挑战与成长并存

进入人生新阶段，项远面对的第一个挑战是如何将理论知识运用到实际工作中。尽管他拥有海外教育背景，已经积累了丰富的实践经验，并且在研究生的 Gap Year（间隔年）期间，又在国内多家不同行业的公司实习，但真正全职工作的节奏和内容依然是他必须不断学习和适应的。

入职初期，项远被派到了公司参与建设亚洲大型交通枢纽这一重点项目，其复杂程度和影响力让他深感责任重大。"作为一名新员工，能够参与到这样重量级的项目中，确实是一种幸运，但同时也意味着他必须迅速成长。"项远回忆道。参与这个项目不仅让他熟悉了公司的整体运作流程，还使他能够接触到不同的工作环节，从资源开发、土地招商到项目运营，每一项工作都为他提供了宝贵的经验。

与此同时，项远也不得不面对许多职场新人常见的困境，身份的突然转换，让他在处理多个部门的工作对接时出现了一些失误。对此他及时进行了复盘总结：一方面是自己的学生思维过重，另一方面是没有经历过多部门工作的协同。

这些小挫折，不仅让项远逐渐意识到职场工作的节奏与学生时代不同，也促使他快速调整心态和工作方法。对此他反思道："解决问题的能力和沟通能力有时比单纯的专业知识更重要。如何对重大项目做好预期管理，找到灵活应对突发状况的方法，是职场中需要长期锻炼的能力。"这种向上管理的经验也教会了他站在更高层次思考问题，包括如何与上级和团队成员进行有效沟通，及时调整策略，提升工作效率。

随着工作内容的深入和拓展，项远也逐渐感受到了留学经历带给他的独特视角。他除了能够以更加包容开放的心态看待事物，以独特的思维方式思考问题，在人际关系的处理上也更加游刃有余。自主学习能力快速提升，"斯坦福的教育理念让我明白，学习不应该局限于课堂。我学会了如何利用各种资源不断扩展自己的知识面"。

虽然未来可能面临诸多挑战，项远依然对自己的职业发展充满信心。他计划深耕基础设施建设投资，并且尝试承担更多的管理工作，进一步拓宽自己的视野。项远相信，每个人的成长路径都是独一无二的，关键在于不断学习新知，勇于探索未知事物。

从项远的经历可以看到，留学的真正价值不仅在于学术上的成就，更在于通过多样化的体验和全球化视野，塑造出能够应对复杂挑战、解决问题的能力。这种能力，也将成为推动职业发展的持久动力，让他在人生的长河中绽放异彩。

对青

第 3 部分

国际视野：
放眼全球探索机遇

BEYOND OVERSEAS
STUDYING

旷野中寻找人生的无限可能：
高考"叛逆者"的成长启示录

在谈论教育选择时，人们往往容易陷入"国内还是国外"这样非此即彼的思维定式。在李宇宣的故事里，我们看到了另一种可能——在中国的土地上接受国际教育。作为当年江苏省高考文科排名第五十的"别人家的孩子"，她放弃了复旦大学、上海交通大学这样的"传统985"院校，选择了一所"双非"合办学校——上海纽约大学。这让李宇宣一度成为周围人议论的焦点，被认为"自毁前程"。谈及此事，她莞尔一笑，"当时觉得应试教育像一场游戏，我已经通关了，想尝试一种全新的模式"。

对她来说，接受不同体系的教育，是一次游历世界的机会，也是一次探索自我的冒险。从上海到波士顿，再到如今的职业选择，李宇宣用她的人生经历作出了表达：教育的意义不是循规蹈矩，而是用勇气和好奇心不断打开新的可能，拓宽人生边界。

高考"叛逆者"：跳脱常规，选择中外合作办学院校

高考志愿填报对大部分中国学生来说，是人生中重要的十字路口。在当时的很多家长看来，李宇宣的选择太过"出格"。而她本人作为应试教育的受益者，内心产生了这样的渴望：过一段"不是一眼就能看到结局"的大学生活。

彼时，挂牌成立尚不足六年的上海纽约大学，为李宇宣所追求的生活打开了一扇门。这所年轻的大学如同试验田，将美式教育理念浇灌在中国土壤中，为学生们展开了一块恣意描绘未来的画布。"上海纽约大学的灵活性是我此前从未感受过的。"李宇宣说，"可以根据自己的爱好和想法不断尝试，甚至在入学的前两年学校会鼓励你不要过早确定专业。"

这种自由度，让李宇宣可以自由地尝试数学、计算机等课程，并最终找到了自己真正的兴趣所在——金融与数据科学双专业。"当时几乎尝试了所有课程，还包括互动媒体艺术、历史、比较文学等，后来逐渐发现金融是我的兴趣，而数据科学则是我擅长的。"李宇宣坦言，"大部分人在十八九岁的时候，很难真正知道自己将来想做什么。按照高考前的规划，我很可能选择中文系或是法律系，毕业后回到家乡'考公'或者去学校里当老师，平稳地度过之后的几十年。而上海纽约大学的教育，让我找到了真正热爱的方向。"

麻省理工学院之路：科学规划与不懈努力

在大一的全方位尝试后，李宇宣确立了清晰的留学目标：麻省理工

学院。

她的申请准备堪称教科书级别：研究学校官网上的先修课程要求，有针对性地提前完成；同时深入了解录取学生的背景特征，为自己的实习和科研经历做好规划。"最重要的准备其实是在大一到大三期间完成的。"李宇宣说，"大四需要撰写论文和修改简历，实际上是一个量变到质变的过程。"

在竞争激烈的申请季，上海纽约大学的平台优势也开始显现：与美国高校的课程体系、成绩单、系统互通，无须付出额外的认证时间成本。加上相对较小的"竞争池"，让优秀的学生更容易脱颖而出。"在这里只要足够努力，成绩达到全班的前5%，就有被哈佛大学、麻省理工学院这样的名校录取的机会，相比于国内其他高校的竞争压力要小一些。"李宇宣说。

凭借严谨的规划和持续不断的努力，李宇宣最终在2022年以双专业满绩点的优异成绩毕业，同时在麻省理工学院的斯隆商学院开始了向往已久的新生活。

职业转型：寻找工作与生活的平衡点

研究生毕业之后，李宇宣的职业规划有了显著变化。

大三暑期，她在著名的贝恩咨询公司实习，并通过优异的表现得到了转为正式员工的机会，但是最终因留学梦想而放弃。两年后，当她再次进行职业规划时，决定向企业战略投资转型。

这一转变首先源自对生活平衡的重新认知。在美国，她接触到了一些颇为不同的职场文化，人们对于家庭和个人生活的重视程度远远超出了李宇宣的想象。"在咨询公司的时候，从早上九点一直工作到第二天凌晨一点，几乎每天如此，每周的工作时长超过八十个小时。"虽然李宇宣秉持年轻多奋斗的信念并且像机器一般持续高速运转，但她也开始审视这种生活方式。"虽然感觉身体还能坚持下去，没出什么问题，但是精神已经极度疲惫，感觉这不是自己想要的生活。"

工作中的李宇宣

　　转型的第二个原因是对工作本质的思考。在咨询公司，李宇宣感觉到自己更像一个只负责提供建议的"局外人"，只要收到尾款就算成功，项目就可以顺利完结，但方案是否落地和是否能真正为客户创造价值并不属于考量范畴。因此，她希望自己的所作所为能够更具有切实的影响力。"在企业战略投资工作中，每一个决策都清晰地展现出它的影响力。这种实实在在的影响，能让我看到工作的价值，收获更多成就感。从乙方成为甲方，也开始懂得了甲方的'快乐'。"李宇宣笑着说。

如今，转型成功的李宇宣从事着自己热爱的工作。在一家世界500强企业的战略部工作，为公司高层制订发展规划提供决策支持，同时通过评估并购标的、规划拆分重组等方式，帮助公司实现业务多元化，创造更持续、更长久的价值。

突破藩篱：在异国职场的成长与蜕变

在美国的就业市场中，虽然李宇宣拥有斯隆商学院的"光环"，但她仍然清醒地认识到自己面临的挑战。"留学生在美国就业市场上基本处于劣势。"对此她毫不讳言，"虽然在量化金融、数据科学领域可以靠数理基础占据一些优势，但在传统金融领域面临重重挑战。"

首先是签证限制，其次则是文化和沟通障碍。"金融工作很多时候是和人打交道，作为非母语者，如何与美国本土的金融精英竞争，是我们面临的一个巨大的考验。大部分留学生应对日常工作沟通可以做到游刃有余，但在酒会这类社交场合，话题会从工作逐渐转向日常生活，文化的隔阂和距离便会凸显出来。"

面对挑战，李宇宣利用了本科时预先规划的策略积极应对。因为她深知海投在美国的效率极低，需要在简历进入系统前就让公司团队了解到申请者的个人特点。在麻省理工学院学习期间，她便通过不断拓展人际网络，寻找获得心仪工作的机会。"公司组内有不少人是麻省理工学院的校友，所以我在校招后主动联系他们。"李宇宣分享道，"约了很多次Coffee chat（咖啡会谈），一方面是展示自身能力，另一方面是为了能够更好地了解公司对应聘者的要求。"

在人际网络的拓展上，李宇宣建议海外留学生可以尝试从领英（LinkedIn）开始。"最简单的方式就是寻找校友，发消息建立联系。开始的回复率可能很低，十封邮件可能只获得一个回复，但无须沮丧气馁，而是要坚持下去，把筛选过程看作一个漏斗，只要最上面的那层足够大，就可以获得想要的连接。"

在求职过程中，李宇宣也经历过低谷期，对自己产生了怀疑。"有一段时间我出现了焦虑的躯体化症状，每天躺在床上，从生理上感觉没法移动身体。"但也正是这段经历，让她想明白了一些问题。"不能够无止境地内耗和焦虑下去，这并没有任何意义。如果是因为这样的小事在生理、心理两方面把自己搞垮了，才是得不偿失。这也是我想和很多在找工作时感到焦虑的留学生说的，我们在哪里都可以找到一份好工作，而即便没有很好的工作，我们的人生依然会很精彩。"李宇宣说。

人生旷野：突破定式，开创无限可能

在美国的学习和工作经历让李宇宣的人生态度也有了不少改变。回顾读中学和本科期间，她认为自己的表现是不折不扣的ESTJ型人格。在迈尔斯·布里格斯性格分类法中，这一类型人格被称为"总经理"，被认为是出色的组织者，在管理事物或人方面具有特长，具有强大的达成目标的愿望。"本科的时候，为了追求 4.0 的满绩点得分，我可以付出成百上千的时间去提升最后的 0.01 分，享受那种成就感。但现在回头看，会感觉自己错过了一些东西。"李宇宣自我分析道，"留学和美国的工作经历对我的最大改变，是让我意识到了人生会有更多的可能性。"

在规划未来的人生发展时，李宇宣谈到了本科时期开始阅读的波伏娃等女性主义作家的作品。她认为女性不应该为社会固有观念所束缚，而是要大胆追求自己真正想要的东西。"我们东亚女性不需要爱，不需要安稳的生活。我们需要金钱，我们需要地位，我们需要追逐一切男性在追逐的东西。没有必要为了安稳的生活而失去冒险的决心，不要'囿于昼夜、厨房与爱'。"

这种向前一步的决心，一部分也源自她第一次跳伞的经历：14000 英尺的高空，没有教练，需要自己跃下开伞。"很多时候如果不逼一下自己，永远不知道自己的极限在哪里。蹦极、跳伞、潜水这些极限运动，让我在学习和工作中都能够更大胆一点，也让我的心态更加开阔。"

"人生是旷野而非轨道"，这是留学经历带给李宇宣的感悟。从家人期待的"安安稳稳做老师"到在金融行业运筹帷幄，从追求完美的成绩到享受生活的平衡，从既定的人生轨道到充满无限可能的广阔天地，在这片广袤的旷野上，李宇宣以与众不同的方式不断书写着属于自己的精彩故事。

留学让人敢为：
从伊利打工人到跨境外贸创业者

大航海时代，发现新大陆的人值得被载入史册，作为勇敢的先驱者，英勇功绩被后世代代传颂，这就是勇敢的人先享受世界。蒋欣怡也为自己打上"勇敢者"的标签，从国内大学转学到美国，需要为自己争取新的机会。从为别人打工到为自己打工，需要为自己开拓新的版图。蒋欣怡就这样勇敢地在自己的世界中探索前进。

说走就走，大三转学，从国内高校到美国高校

蒋欣怡其实是一个半路出家的留学生，在国内读了两年本科，然后转学到美国理海大学。相比于同班级的人，她度过了更加紧张、忙碌的大一、大二生活。

蒋欣怡对自己的高考成绩和学校并不是很满意，但也不想重来一次高三的生活，所以在她还未踏进大学校园的时候就已经确定了要转学到海外高校。

"确定要转学之后，我为自己准备了一系列实践活动，不断地去挖掘自己的喜好以及优势。"国内的学生在大一、大二的时候课程安排往往很紧凑，学校希望学生通过广泛接触专业相关的课程，找到自己的兴趣点，这样在细分专业的时候便能选择合适的专业方向。蒋欣怡为转学所做的准备无疑是给自己忙碌的学业生活增加了一些难度。

为了能够顺利衔接到海外高校，蒋欣怡必须从自己的"硬实力"——专业成绩和"软实力"——个人背景两方面努力。她参加过大大小小的竞赛，还参加过海外游学项目。大一暑假的时候参加了斯坦福夏校项目，同步参加了加利福尼亚大学洛杉矶分校的数字营销线上课程。

除了睡觉，她的每一分钟似乎都有事情可做，但这并不是"卷"，她只是尽己所能地提升自己的能力，让自己的转学路顺利一些。对于蒋欣怡而言，相比于忙碌，她更难以接受的是自己不知道选择什么、做什么。万事得失都是并存的，虽然大学生活是紧张忙碌的，但最终大三的时候她成功转学到了美国理海大学，顺利开启了美国求学之旅，在美国完成本科学业之后又继续到杜克大学攻读硕士。也正是通过这两年的不断尝试，她找到了自己感兴趣的专业方向——市场营销。

这段转学的经历让蒋欣怡看到自己身上的巨大潜能，一事成，事事成。留学带给她很多，但她更珍惜的或许是留学对自己意志的磨炼。这段经历为她后面的留学、读研、创业积攒了力量，她的内心更加笃定，更加乐于与自己打配合战，实现一个又一个从前觉得遥不可及的目标。

在职场中学习运营方法

留学也意外地成了蒋欣怡求职的破局点。她在确定了自己专业方向的同时也确定了未来的求职方向，要和 Marketing 有关，还要走市场研究的方向。蒋欣怡像得到了心仪礼物的孩子一样，拿着自己千挑万选的糖果，细细咂摸这颗糖果的味道。如果一个学生有着清晰的职业规划，在求职的时候就可以将自己的主要时间和精力专注在自己的目标上，省去了试验与摸索的时间。

到了毕业季，蒋欣怡带着精心设计的简历投入求职的海洋，在各个求职软件、企业官方招聘的洋流中，划出了自己的波痕。但是，她有自己的目标，想要做市场研究。最后在众多的企业 offer 中，蒋欣怡选择了国内头部乳制品企业——伊利市场部，这个工作与预期非常一致。

在伊利工作的这段时间，蒋欣怡拿出了学习时的劲头，不仅要适应工作环境，还要学习怎么让一个组织良好地运转起来，如何让工作的结果大于前期的投入，这一切有目的的学习，都是为了实现她心中更大的目标——创业。受家庭环境的影响，蒋欣怡很早就决定要做自己的事业，但在这之前，她需要到企业中学习运营之道。

她在伊利收获了两方面的成长：一方面是专业知识，另一方面是软性能力。这份工作让她掌握了比较全面的消费者洞察理论和营销理论，帮助她了解消费者的行为和选择。除了专业知识，有效的沟通能力同样是蒋欣怡的收获之一。人和人之间的沟通每天都会发生，但有效的沟通需要技巧，蒋欣怡要做的是通过沟通，让不同的人为一件事努力，实现利益最大化。

留学是蒋欣怡创业想法的催化剂。以前的她认为创业离自己很远，也许需要很长时间才能够实现，但在美国求学期间，她逐渐打开自我，积极探索世界，自身的状态越来越好，也越来越果敢，这一切的内因都外化为勇气，于是她心中有一个大胆的想法不断涌现："创业，为什么不可以呢？"

每个人都是一只等待破茧的蝴蝶，都想在广袤无垠的世界中翩跹起舞。在蒋欣怡的世界中，留学成为她破茧的力量，她走了出去，得到了勇气、力量，还有"干就完了"的决心。在这样的心态面前，困难不能称为困难，那只是欲仰望漫天繁星的台阶。

蒋欣怡在伊利宣传片中出镜

凭借勇猛，在迪拜开拓事业

如今，蒋欣怡公司的主要业务是做中东的建材外贸，创业4个月的时候便已经实现了超50万元的营收。留学时发酵的一个念头，如今已经生根发芽，学业在美国，事业在迪拜，兜兜转转，蒋欣怡始终围绕"国际"两个字。家在中国，但是自己的事业和学业都在海外，命运仿佛一只无形的大手，推着蒋欣怡向前走，让她看到更加多彩的世界。她正在以家为中心，不断拓展自己的人生版图。

创业不比上班简单，所有的风险都需要自己承担，但所有的事项和流程也都在自己的掌控之内，蒋欣怡很喜欢这种有挑战性又能看到效果的工作内容。

现在回想起创业初期跑市场的时候，她说可以用"初生牛犊不怕虎"来形容自己。建材行业的一个主要销售渠道是建材零售店，这就需要说服店主把产品陈列在展架上，并且愿意向顾客推荐这种产品。蒋欣怡若想把自己的产品卖出去，最直接的打开市场的方式就是在零售店上架。

怎样让店主心甘情愿地上架自己的产品呢？当别人还在绞尽脑汁想办法的时候，蒋欣怡已经冲进市场了。当时的她年轻并且有胆量，在对同类产品进行市场调研之后，便"单刀直入"，直接杀进了迪拜本地的建材市场，凭着直觉选择了一家五金店，和店主进行一场面对面的"切磋"。在店主把价格提高之后，蒋欣怡也是毫不留情地用真实的市场价格拆穿了他的小心思。当时的蒋欣怡有求于店主，希望对方能够上架自己的产品，但是她横冲直撞的"谈判"更像反客为主。事后，她觉得自己的谈判过程或许太过激进，太不懂得迂回与委婉，如果再遇到强势的店主，这笔生意可能就彻底谈不下去了。不过幸运的是，店主最后选择上架了她的产品，她的外贸事业获得了一个不错的起步。后面在推销产品的时候，蒋欣怡变得成熟老练起来，比当初的生猛直接多了一些技巧。

直率的主动出击实则是"大道至简"，而更重要的是她勇于争取与表达的能力。如果不是她主动推销自己的产品，店主也不会上架；如果不是她主动跳出舒适圈，也不会快速开启自己的事业。生活中总是会遇到意料之外的事情，能够帮助自己的或许只有心中那股无畏的力量。

蒋欣怡和跨境电商合伙人在迪拜实地考察

不论做什么，都要相信自己

如今，蒋欣怡一门心思做自己的事业，已经少见学生的稚嫩与青涩。当初在美国求学的小女孩如今在迪拜开拓着自己的事业，当她再次回忆留学之旅时，想到更多的是留学带给她的体验与成长。"让我拥有了更加开放的思维方式和拥抱多样性的勇气。留学把我的思维打开了，告诉我，其实我可以去探索我愿意做的各种事情。更重要的是对我现在的创业也有很大启发，提升了我的自主思考和规划行动能力。"留学带给蒋欣怡的除了亮眼的学历，还有对她内在性格的塑造——内心的坚韧、精神世界的充盈以及对自己的绝对信任。从某种意义上来说，留学帮助蒋欣怡找到了力量——相信自己的力量。

每个留学生都在留学的过程中收获了成长，在异国他乡遇到的每一个问题都需要自己解决，留学经历仿佛升级"打怪"一样，他们慢慢发现自己能够完成的事情越来越多，信心也越来越足。蒋欣怡也是在这个过程中找到了勇敢前行的力量。

对于很多想去美国留学的学弟、学妹，蒋欣怡给出了一个最为暖心的建议："提早规划，相信自己。"之所以这样说，是因为蒋欣怡后来遇到一些向她讨经验的学弟、学妹，她发现他们都很优秀，明明很有把握申请到梦中情校，但是他们表现出强烈的不自信，认为自己和学校的差距很大。蒋欣怡希望申请美国学校的学弟、学妹能够自信一点，本身的实力已经足够强，自信一点会更加游刃有余。

对于想要创业的人，蒋欣怡并不会像鼓励学弟、学妹那样鼓励大家勇往直前，而是建议大家要慎重，至少在事业刚起步的时候不要把项目铺陈得太大，应该像滚雪球那样从无到有，从少到多。不管是学业还是职业，蒋欣怡最想和大家分享的其实只有一句话："相信自己。"

航海的船员会看到破海而出的第一缕阳光，这是属于勇士的风景。蒋欣怡从大三转学到美国，再到跳出公司，自己创业，每一步都是对自己的生活发起挑战，而挑战背后也蕴藏着极大的机遇，她凭借勇气走出了自己的人生节奏。船员仍在航行，她的精彩还在继续，未来仍值得期待。

现实与虚拟的交融，
3DCG 艺术师对自己世界的建构

　　CG 为 Computer Graphics（计算机图形学）的英文缩写。CG 特效是用计算机制造出来的视觉效果，3DCG 则是 CG 技术的延伸。这是能够将想象的画面付诸现实的技术，仿佛是现实与想象交融的区域，在这里可以无限发挥创意。在张亦桥眼中，CG 创作兼具趣味性与挑战性。从数字媒介技术到武藏野美术大学的映像学科，张亦桥朝着 CG 行业的方向越走越远，本就习惯顺势而为的他，顺着生活的指引，找到了自己喜欢的方向。

阴差阳错也是意外收获，成功被武藏野美术大学录取

3DCG 全称是 3D Computer Graphics，即三维计算机图形，是在计算机和特殊三维软件帮助下创作的作品，属于 CG 技术的一种，3DCG 技术能够让画面更加立体与饱满。借助这项技术，可以帮助电影、游戏等场景制作画面，帮助作品完成更好的视觉传达。

张亦桥第一次接触 CG 技术还是在很小的时候，那时候有一款风靡全球的游戏《魔兽世界》。从这个游戏里，他见识到炫酷、灵动的游戏画面，仿佛被施加了某种神奇的魔法。大学读了数字媒介技术专业之后，他开始真正接触 CG 技术。儿时《魔兽世界》的画面再次浮现在眼前，而此时的他站在了魔术师的视角，知道魔法形成的过程，恍惚间有梦想成真的感觉。

"从小家长就言传身教，一定要考个硕士，不能本科毕业之后就工作，然后我觉得留学应该挺好的，上大学之后就有留学的打算了。"留学早就在张亦桥的规划之内，最后张亦桥决定在亚洲留学——去日本。日本的视觉传达专业在亚洲起步较早，并且拥有广阔的市场，尤其是东京，作为一个时尚与艺术之都，吸引着世界年轻人的目光。这些同样对张亦桥有着绝对的吸引力。

去日本留学，日语是一定要迈过的语言大关。日语需要从零基础开始学习。从大三起，张亦桥开始准备日语考试。为了能够让自己尽快融入日语的环境中，张亦桥选择了一个非常艺术又非常独特并且小众的学习方式——听日本说唱。日本说唱的歌词很贴近现实生活，有比较地道的表达，不仅能学口语，还能够锻炼听力。这个方法虽极具特色，也较为小众，但不妨碍他渐渐熟悉日语。张亦桥紧追慢赶，还是因为日语不

过关与东京工业大学的交互学科擦肩而过，但命运的手却把他推向了武藏野美术大学的映像学科。

第一次到东京工业大学考试的时候，恰好是武藏野美术大学的校园开放日，他陪着朋友到学校感受该校的校园文化。就这样，"无心插柳柳成荫"的故事在张亦桥身上上演了，这个故事也可以说是陪着朋友参加艺考，最后却是自己"上岸"的日本版。在校园开放日，张亦桥遇到了映像学科的教授，和教授聊了聊之后，他决定试试武藏野美术大学，没想到最后真的顺利考上了这所学校，他的专业也变成了映像学科。

交互学科的毕业生去游戏行业会更顺利一些，映像学科的毕业生适合做电影、动画等，重在表达。生活给他的意外远不止于此，换了学校又换了专业，张亦桥越学越发现自己更适合这个专业，在慢慢摸索尝试的过程中，他找到了自己喜欢的东西，更坚定CG就是他想要发展的方向。

张亦桥身上有一种松弛有度的智慧，他更专注于过程，至于结果，只要是在他能接受的范围内即可，"现在发生的事情目前来说都还在我的规划之内"。把人生的池子放大之后，你会发现自己能够接受的事情很多，即便是面对意料之外的事情，只要还在自己人生的大方向上，也会有精力应对一些不期而至的困难。

热爱不减，在日本沉淀与创作的 CG 之旅

毕业后，张亦桥在日本一家知名艺术家工作室做 3DCG 艺术师。留在日本工作本就在他的计划之中，他想在 CG 技术发展得比较好的国家先工作，把自己的技术磨炼得更精湛，让自己的创作更加游刃有余。

在找工作的时候他依旧保持松弛有度的节奏，很有目的性，也很有个性。他将自己的简历和作品直接通过官网投递，投递给自己满意的公司，而不是无目的地"广撒网"。很多人在找工作的时候是焦头烂额的，但是从张亦桥身上能看到那种难得的松弛感。这种松弛感既来自他的底气，也来自这个行业赋予他的独特的气质。

CG是技术与艺术结合的专业，这个专业在找工作的时候，相较于实习经历，公司更看重求职者的技术，好的作品更有说服力。"CG算是一个融合性的形式，技术决定作品的下限，但是艺术性的含量决定了你的上限。"能够把画面做出来是基础，但是做出来的细腻程度，则需要有审美支撑。张亦桥在校期间一直做一些视觉表达类的东西，比如给意大利说唱音乐人Spada制作MV等。张亦桥的作品传达着他的技术与审美水准，这也是他不海投简历的底气。

热爱会让一个人走得更远。张亦桥对这个专业和工作的热爱，是随着自己工作时间的增加而不断增加的，CG对于他来说不仅仅是谋生的手段，也是他的乐趣所在。很多时候，项目要得急，他经常熬夜加班赶进度，但是这并不会消磨他的热情。在休息的时候，张亦桥会把CG创作作为一种放松的手段，给自己的大脑来一次轻松的"按摩"。

日本老龄化的社会特征让它对外籍员工有着极强的包容度，公司会为外籍员工办理签证事宜，尽可能提供比较便捷舒适的工作环境，张亦桥所在的行业又是一个新兴行业，公司的氛围也比较轻松。

在日本的学习与生活，让张亦桥深刻感受到日本谦虚、内敛的人文气质。在这样的环境下，张亦桥也变得比以往沉静，不过这让他更加关注自己的内心，在未来的创作中也更能展现个人风格。

张亦桥拍摄的日本街道风景

做一棵风中的草，工作要顺势而为

现如今，无论是影视、广告还是游戏等，都需要 CG 技术的支持。随着行业的持续发展，CG 技术的应用越发广泛，相关专业学生的就业前景也较为明朗。但任何专业都不是一劳永逸的，时代在发展，技术在进步，审美也在不断地变化，只有不停地学习才能让自己的脚步跟上社会的发展。

如今人工智能技术可以帮助插画师更高效、更准确地处理画面细节，使画面更加真实、有质感。AR、VR 技术为 CG 画面提供了更具交互性的效果，这是技术发展带来的优势，对于行业的发展而言是好消息。在张亦桥的工作环节中，最后效果的呈现需要离线渲染，给电脑一点时间去计算，最后完成画面，但现在慢慢出现了在线渲染的技术，不需要等待。技术的发展不断倒逼技术人员学习新技术、更新旧知识。如果坐以待毙，只能被时代淘汰。

"不能说毕业之后只需要工作，不需要学习了。如果你不学习的话，很快就会被淘汰，一边输出还要一边输入。"这是张亦桥对即将进入CG行业的后辈们说的，但这也是他对自己说的话。技术发展的风吹到张亦桥身上的时候，他也会恐慌：工业革命时代技术取代部分劳动力的故事是否会重演？自己是否能够适应变化？对于未知的恐惧让他一度陷入迷茫中。张亦桥很喜欢的一部电影是《艋舺》，里面有一句台词令他印象深刻："风往哪个方向吹，草就要往哪个方向倒。年轻的时候我也曾经以为自己是风，可是最后遍体鳞伤，我才知道我们原来都只是草。"

面对技术发展的大潮，他的智慧便是顺势而为。如果技术的发展是风，那么他就是顺势而为的草，顺着风向看世界，而让他深深扎根的，是他不可替代的技术水平。

如果有风，想去看看更大的世界

随着全球CG市场越来越大，各个国家纷纷建立了自己的CG产业，很多艺术院校也开设了相应的课程。例如，位于美国纽约州纽约市曼哈顿的纽约视觉艺术学院，学校师生参与过的知名作品包括但不限于《米老鼠与唐老鸭》《海底总动员》《料理鼠王》《马达加斯加》等。如今影视特效、3D 动画制作与 3D 游戏制作已成为 CG 领域发展的前沿技术，技术的不断更新，给观众带去的是越来越细腻的视觉体验。

但 CG 行业有自己独特的节奏与特质，"这个行业它可能要加班，很可能用半年或者一年的时间都在做一件事情，这样的工作是否能接受？如果能接受，就可以选择进入这个行业"。CG 行业的工作强度比较大，在选择这个专业的时候，如果有就业方面的考虑，就需要考虑这样的行业节奏是否适合自己。

"如果想要技术获得很大的发展，去加拿大、美国等国家一定是没错的。如果真的很喜欢这个行业，想有长久的发展，还是建议去比较好的学校留学深造。"行业发展比较好的地方，能够提供更多可借鉴的经验。整个行业的发展也在影响着教育，并且 CG 同样属于艺术类，多走出去看看，感受中西文化的差异，或许能够激发出更多的灵感，沉淀更独特的审美体验。

无论选择什么工作、进入什么行业，都需要记得自己当初的热爱，而后顺势而为。张亦桥把自己视作在风中摇曳的小草，虽然看似渺小，但也有为自己提供支持的土壤。对张亦桥来说，那片土壤是热爱，也是坚持。无论是选择回到国内，还是依旧在国外发展，CG 始终为他提供着前行的力量，他所热爱的也给予他持续热爱的动力。未来的路很长，但心中有爱的人从不畏惧前路漫长，因为再长的路，方向也在脚下。

跨界逐梦：
从文学硕士到香港上市公司公司秘书的全新探索

在河北的一座宁静小城中，马晨垚度过了她青涩的青春时光。那时的她，心中怀揣着对未来的无限憧憬，未曾料到生活的画笔将如何悄然勾勒出她未来的轨迹。马晨垚的求学与职场之路充满了探索与挑战，最终她在香港这片繁华与学术并存的土地上找到了属于自己的舞台。从文学硕士的学术殿堂走出，她勇敢地跨越了职业的边界，开始走进香港上市公司公司秘书这个全新的天地。她的故事，是对人生有无限可能的生动诠释。

多方考量，选择的纠结

大三的时候，当身边的同学纷纷为未来规划蓝图时，马晨垚也踏上了考研与留学申请的探索之旅。经过深思熟虑，她决定跳出考公、考研的传统路径，转而追求到海外深造的梦想。留学目的地的选择成为她面前的一道难题：新加坡、中国香港、英国、澳大利亚……每个选项都散发着独特的魅力，也伴随着各自的考量。

父亲满怀憧憬，希望她能前往澳大利亚或英国，体验纯粹的"留学"风情；而母亲则出于对女儿安全的考虑，倾向于选择离家较近、便于照应的中国香港或者新加坡。面对这一抉择，马晨垚综合考量了个人兴趣以及申请的实际难度，最终采纳了母亲的建议。申请的过程并不总是一帆风顺的，马晨垚并未收获新加坡心仪院校的 offer，但幸运的是，中国香港的多所学校向马晨垚抛来了橄榄枝。经过深思熟虑，她最终选择了香港城市大学（简称"城大"）的中文专业。在这里，她将开启一段全新的学习和生活旅程。

在香港的学习生活并不轻松，尤其是在研二期间，马晨垚面临着前所未有的学业压力。香港城市大学的课程内容很充实，学习的压力和强度比想象中要大很多，每一门课都伴随着紧张的期中和期末考试，还有各种各样的课堂展示和作业。她努力追赶课业，积极参与讨论和研究。同时，她也积极寻找高效的学习方法，利用碎片时间复习课程要点，比如上学路上听音频资料、午休时快速浏览笔记，甚至在睡前会回顾一天所学的知识。这种分秒必争的态度，让她在有限的时间里最大限度地吸收知识。

尽管学习的节奏紧张又忙碌，马晨垚的心中却始终有不灭的热情与坚持。每当夜深人静，台灯下堆满书籍和笔记的桌面成了她最坚实的伙伴，而窗外繁华的香港夜景，则成了她心中默默许下承诺的背景。

经历了紧张的求学时光，马晨垚顺利毕业

转行挑战，自我超越

当时马晨垚所在的专业有五十余名同学，当毕业的钟声敲响时，大多数同学选择了回归家乡。作为一个学中文的纯文科生，能选择的职业其实并不多，或成为教师，或考公务员，或做普通的公司文员。原本她也计划着毕业后回到离家很近的北京，找一份稳定的文职工作。但突如其来的疫情，瞬间打乱了所有计划。家人建议她先在香港待一段时间，看看是否有新的机遇。这一待，便是数年。回想起这段经历，马晨垚总是感慨万分："当时的选择，完全是出于一种对未知的好奇和家人的建议，没想到这一留，就留了下来。"

回想起自己找工作的那段经历，马晨垚感觉自己非常幸运，当时只投了不到十份简历，就收获了两次面试机会，最终她选择了现在的工作，这一干就是四年。这份工作，不仅让她在香港站稳了脚跟，更让她在职业生涯中找到了方向。

马晨垚所任职的公司，是一家在香港上市的内地制造企业。尽管这是一家内地企业，但粤语依然是她日常沟通的主要语言。对于马晨垚而言，尽管她已在读研期间接触过一些粤语课程，但那些基础的学习仅仅让她掌握了一些简单的词语，远远达不到流畅交流的水平。于是，她便决心通过自学克服这一语言障碍。幸运的是，她的同事们时常利用休息时间与她进行粤语对话，这种无私的陪练极大地加速了她的学习进程。凭借着不懈的努力和同事们的热心帮助，马晨垚的粤语水平在短短一年内实现了质的飞跃。

起初踏入这家公司时，马晨垚是一名行政助理，她的日常工作被烦琐的办公室文书所占据：整理文件、管理档案、协调会议安排……然而，她并未止步于这些基础性工作，而是以一种开放的心态和敏锐的洞察力，去观察和学习公司运营的每一个细节。

香港的上市公司要受到香港交易所、香港证券及期货事务监察委员会、香港公司注册处等机构的监管。在工作中她有幸接触到一些与上市公司合规相关的工作。这些经历不仅让她对上市公司合规工作有了初步的认识，更激发了她对这类需要高度专业性和责任感的职位的浓厚兴趣。并且在这一过程中，她找到了自己的发展方向——公司秘书。

香港上市公司通常都会设立公司秘书一岗。这个岗位和大众认知中的秘书完全不同，不是那种只需要处理基础性日常文书的行政助理，而是一个连接董事会与管理层、监管部门，确保公司运营符合法律法规的关键职位，要求在岗人员具备扎实的财务、法律、金融知识，还需要具备良好的沟通能力和应变能力。

香港上市公司的公司秘书只能由三类拥有执业资格的人担任：第一类是香港执业的律师，第二类是香港执业的会计师，第三类就是香港执业的公司秘书。如果想成为香港执业的公司秘书，需要获得该领域从业者的资格认证，即拿到香港公司治理公会颁发的牌照。香港公司治理公会是一个由公司秘书等专业人士组成的组织，同时也为相关领域的从业者提供资格认证。

想要拿到资格认证有两种途径：第一种是参加公会的考试，大概有 8 门课程；第二种是参加公会与香港的公立大学合办的课程，并且达到考试的标准之后，累积相关的工作经验即可持牌。拥有了这个资格认证（持牌）之后，才可以在香港的上市公司担任公司秘书这个法定的职务。

在确认了未来想成为一名公司秘书而不只是做做简单的行政工作后，马晨垚深刻感受到自己在财务和法律知识上的不足，于是她选择了第二种途径——她毅然决定重返校园，参加公会与大学合办的课程以拿到执业牌照。这次，她依然选择了香港城市大学，以 Part-Time 的形式攻读专业会计与企业管治专业。

两年的刻苦学习，对马晨垚而言，恍如重返了那段紧张而充实的高中岁月。班级中，多数同学已具备金融、会计领域的背景或相关工作经验，学习起来自然得心应手。而对于她而言，这无疑是全新的起点，一切知识都需从头构建。

然而,辛勤耕耘终有收获。经过两年的不懈努力,马晨垚不仅学习了财务与金融的核心理论,还深刻理解了法律在企业管理中的关键作用。这段充满挑战的学习旅程,虽然路途坎坷,但为她日后的职业生涯铺设了坚实的基石。

马晨垚和同学们一起庆祝香港公司治理公会成立七十五周年

值得一提的是,香港的高等教育体系为硕士阶段提供了全日制(Full-Time,简称FT)和兼读制(Part-Time,简称PT)两种选择,以满足不同学生群体的需求。可能很多人一看到这种非全日制的硕士就觉得"很水",但在香港并不存在这种情况,无论是Part-Time还是

Full-Time 的学生，均享有同等质量的教学资源，也是以同样严格的要求毕业，除了学习时长不同，没有什么本质区别。此外，马晨垚发现周围的同学多是在相关行业有着多年工作经验的前辈，他们带着明确的学习目标和丰富的实战经验步入课堂，这种积极向上的学习氛围极大地激发了她的学习动力。

同舟共济，友谊之光

在攻读 PT 学位的这段时光里，她有幸遇到了一群志同道合的朋友。他们彼此激励，携手并进。其中有两位与她的关系尤为亲密，一位是和她一样来自内地，因公司在香港上市后被外派到香港工作；另一位则是香港人。他们三人都在中环工作，年龄相仿，并且工作经历相似，这让他们很快有了很多共同话题，成了好朋友。

他们共同学习，不仅在学业上相互帮助，在生活中也彼此照顾。每隔一段时间，他们还会像小朋友那样交换小礼物，这份纯真的友谊让马晨垚倍感珍惜。记得有一次，她随口提及对母亲炖牛肉的想念，没想到第二天，一位同学便带着她妈妈精心准备的牛肉来到公司楼下，这份心意让她倍感温暖。

除了同学情谊，还有一段经历也让她深刻体会到职场友情的分量。一次，她不慎从小区的长扶梯上摔落，伤势不轻。同事反应迅速，不仅帮她请假，还亲自赶到小区，陪她乘坐救护车前往医院，并且在整个过程中对她悉心照料，帮助她伤口清理、开药、消毒。

如今，已经顺利毕业拿到牌照的马晨垚如愿成为一名执业的公司秘书，负责上市公司合规的相关工作。虽然目前的工作稳定且充实，但马晨垚并没有停下前进的脚步。她深知，在竞争激烈的职场中，只有不断学习和进步，才能保持自己的竞争力。

回顾自己的成长历程，马晨垚感慨万分。她从一个对未来充满迷茫的大学生，成长为一个在职场上独当一面的女性。她感谢香港给了她这个展示自我、实现梦想的舞台。未来，她将继续在公司秘书这个岗位上深耕细作，不断提升自己的综合素质和能力水平。

马晨垚的故事，是一个关于机遇、挑战与成长的故事。她用自己的经历告诉我们：在人生的旅途中，总会有一些意想不到的转折和机遇等待着我们。只要我们勇敢地迈出那一步，坚持不懈地努力，就一定能够在未来的道路上绽放出属于自己的光彩。

艺术与市场的桥梁：
在拍卖行的传承与创新

在加州那片充满阳光与梦想的土地上，杨晓烨的故事如同一幅缓缓展开的画卷，讲述着一位青年如何在跨界逐梦的旅途中，实现了从建筑行业到拍卖行业的华丽转身。她的足迹跨越了学术的殿堂与市场的浪潮，每一步都凝聚着对知识的渴望、对艺术的热爱，以及对未知世界的不懈探索。这不仅是一段个人成长的旅程，更是一座在艺术与市场之间架起的桥梁，见证了传承与创新的交融。

艺术策展的初体验：从兴趣到职业的跨越

杨晓烨父母开明的教育方式，让她形成了适应性强、容易接受新观念的性格。中学阶段接受中国、美国不同教育的经历，不仅让她结识了热情洋溢的朋友，获得了诸多难忘的瞬间，也促使她和家庭作出在海外读大学的决定。由于美国加州的气候与杨晓烨自幼生活的昆明较为相似，她最终向圣地亚哥大学递出申请。

这所大学以开放包容的学术氛围闻名遐迩，这里鼓励学生跨越学科的界限，勇敢探索未知的世界。在第一年，她没有急于确定自己的专业方向，而是广泛涉猎了商学院、文理学院和工程学院的课程。这种开放的学习模式让她有机会接触并了解不同的学科领域，从而更加明确自己的兴趣和目标。她逐渐发现，自己对建筑学和数学有点兴趣，于是决定同时攻读建筑学与数学双学位。

尽管杨晓烨踏上了理工科的专业旅程，但年轻的生命轨迹并未就此确定，命运依然为她铺设了其他充满无限可能的康庄大道。彼时的学校提供了一种短期的学习项目，通常在暑假或寒假期间进行，为期三周。她跟随老师的步伐，跨越国界，深入不同的文化腹地。在北京的日子里，上午她还沉浸在明朝、清朝历史的讲述中；下午这些辉煌与沧桑便触手可及：当置身故宫的琉璃瓦下、圆明园的断壁残垣间，历史的厚重与细腻瞬间跃然眼前，这种理论与实践的无缝对接，不仅让杨晓烨对历史有了更深刻的理解，更在不经意间点燃了她心中对美的无限向往。

随着项目的深入，杨晓烨的脚步遍布土耳其、法国等地，每一次研学都是一次心灵的触动。在土耳其，古老的建筑风格与现存的建筑遗址交相辉映，她不仅学会了欣赏建筑的线条与结构之美，更在每一次触摸

在希腊学习期间，杨晓烨执着地找到了被放置在市中心公园里两千年前的水渠石料

与凝视中，感受到了艺术跨越时空的力量。在法国，奥斯曼风格的街区仿佛一幅流动的画卷，漫步其间，杨晓烨被城市的文化魅力深深吸引。这些短期学习项目，不仅拓宽了她的眼界，更在她心中种下了艺术的种子。

在意大利学习文艺复兴时期的艺术时，杨晓烨结识了当时最好的朋友

第 3 部分 国际视野：放眼全球探索机遇

本科临近毕业时，杨晓烨选择了继续深造，家人和朋友建议她继续本科的专业，尽管她内心深处已经有了学习艺术的懵懂想法，但是她选择了听从大家的建议，就读宾夕法尼亚大学的建筑学专业。研究生阶段的学习侧重于深耕特定方向，而杨晓烨的性格总在驱使着她学习更多不同方向的知识。那份此前就已悄然萌芽、对艺术世界的好奇与向往，在此时不断显现。

一次偶然的机会，杨晓烨踏入了中国传统绘画的选修课课堂，这仿佛是命运巧妙的安排，彻底重新燃起了她在本科期间埋下的艺术种子，也改变了杨晓烨往后的人生轨迹。通过选修课，杨晓烨被中国传统绘画和绘画背后的文化历史背景深深吸引，她发现艺术不仅仅是画布上的色彩与线条，更是历史的沉淀、文化的传承，是人与自然、过去与现在对话的桥梁。于是她决定未来要往艺术方向发展。

为了深入了解这一领域，她申请了双学位，辅修东亚研究（以艺术史方向为主）(Master of Arts in East Asian Humanities)，并主动报名成为宾大美术馆的讲解员，在不同的课程中尝试与博物馆策展设计相关的项目。她还利用课余时间主动与策展人交流学习，甚至参与了一些没有学分和报酬的实践项目。这些经历不仅丰富了她的专业知识，也让她在不断追寻、探索中走上了属于自己的艺术之路。

揭秘拍卖行的真实面貌

随着学业的深入与实践的积累，杨晓烨的职业道路愈加清晰。临近毕业，她意外获得了香港佳士得拍卖行的实习机会。在佳士得实习期间，她不仅近距离触摸、感受艺术品的温润质感,领略艺术品鉴赏的微妙与深邃,同时也接触到诸多业内前辈与同事,感受到那种由内心深处迸发出的对艺术的热爱与执着,他们在工作中的活力不断感染着杨晓烨。通过与不同背景的客户进行交流,她更加深入地理解这一艺术与市场交织的复杂生态系统,也坚定了投身拍卖行业的决心。

正式毕业后,杨晓烨凭借着之前的实习经历和东亚研究的硕士学位,入职了苏富比拍卖行,成为中国瓷器部门的一员。回顾自己的成长历程,她感慨万分。在大多数人的印象中,拍卖行似乎总是与奢华、高价和影视剧中的戏剧性场景紧密相连。然而,当真正踏入这个行业,她才发现拍卖行远非外界想象的那样简单,它是一个集艺术、历史、市场与人文于一体的多元世界。从珠宝到书画,从手袋到瓷器,每一件拍品背后都承载着独特的故事与价值。

杨晓烨工作照

在这里，她不仅见证了艺术品的流转与价值的发现，更深刻地体会到了拍卖行作为连接艺术与市场的桥梁所扮演的重要角色。杨晓烨的岗位是图录专员，会完整参与一场拍卖会的前、中、后期三个阶段。在拍卖前期，她需要细致审查每一件拍品，为其编纂详尽的图录，包括基本信息、精确测量及状况报告，参与图录排版设计、照片监督以及拍卖主题的策划与制定，为拍卖活动的成功举办奠定坚实的基础。

正式拍卖时，来自世界各地的买家汇聚一堂，他们有的亲自到场参与竞拍，有的通过电话委托或网上出价参与竞拍。对于那些通过电话参与竞拍的买家，杨晓烨便化身成为连接他们与艺术品的重要纽带。拍卖当天，她将负责接听客户电话，提供专业咨询，协助远程竞拍者参与竞拍。这些买家有不同的背景，来自不同的行业，有资深的古董商和收藏家，也有初入此道的新手；有 AI 研发的"大神"，也有金融从业者。与不同背景的客户交流，总能获得有趣的见解。拍卖现场的氛围紧张而激烈，拍卖官掌控着整个节奏。每一次落锤都意味着一件藏品的归属权发生了变化。拍卖结束后，杨晓烨也会处理本部门的一些售后问题，包括解答客户关于购买事宜的疑问，以及协助客户寻找其他心仪的拍品等。

很多人不知道的是，拍卖行还会定期举办预展，将即将拍卖的藏品公开展示给公众。这些活动通常都是免费开放的，为公众提供了一个近距离接触艺术品、了解拍卖文化的绝佳机会。在预展上，你可以近距离欣赏甚至亲手触摸这些价值连城的瑰宝，感受其独特的艺术魅力。

拍卖行的藏品从哪里来？这是许多人共同的疑问。其实，藏品的征集充分利用了一个面向全球开放的平台。无论是私人收藏家还是古董商，都可以通过拍卖行的官方渠道上传藏品信息。专家部门会对这些藏品进行严格筛选，确保它们符合拍卖行的风格和拍卖方向。

年轻的力量，传承与创新

疫情的冲击让传统拍卖行业面临前所未有的挑战，但也催生了新的机遇。杨晓烨和她的同事们迅速适应，利用新技术在社交媒体平台展示拍品，利用网络渠道让公众感受艺术的魅力。"现在，我们的前辈们在社交媒体上也变得非常活跃，分享拍卖背后的故事，让这个行业变得更加透明和亲切。"杨晓烨说。

作为部门里最年轻的一员，杨晓烨总是充满了新想法和创造力。她开设了小红书账号，还通过轻松幽默的网络语言向公众普及古董知识，传递艺术之美。她的小红书账号迅速获得了广泛好评，不仅吸引了大量粉丝，还真的有买家通过这个平台找到她，了解并购买了心仪的拍品。

她希望通过自己的努力，让更多人感受到中国传统文化的魅力，了解那些拍品背后的历史文化。她相信，通过轻松有趣的方式传播艺术知识，能够激发更多年轻人对中国传统文化的兴趣，从而培养出一批新的收藏家和收藏爱好者。

"我热爱这份工作，因为它让我能够每天与美好的艺术品为伴，将它们的价值传递给更多的人。"杨晓烨说。在她的身上，我们看到了年轻人对中国传统文化的尊重与传承，也看到了他们勇于创新和敢于挑战的精神风貌。对于行业的未来，杨晓烨充满了期待和信心。她相信随着技术的不断进步和社交媒体的普及，拍卖行业将会迎来更加广阔的发展空间。而她也将继续在这个充满机遇与挑战的领域里深耕细作，用自己的热情和智慧，为传统艺术品的传承与创新贡献自己的力量。

对于自己的未来，她并没有一个固定的蓝图。过去的经历让她觉得生活中的每一个契机都可能成为改变命运的关键。因此，她更愿意活在当下，做好手头的每一件事。她相信，只要保持好奇心和学习的热情，未来定会有无限可能。

杨晓烨的故事，是勇气与智慧的结晶，是梦想与现实交织的华章。在拍卖行这个古老又充满活力的舞台上，她用自己的行动诠释了跨界追梦的真谛，将建筑学的严谨与艺术策展的灵感巧妙结合，为传统的拍卖行业注入了新的活力，更引领着年轻一代对传统文化的尊重与传承。

从澳大利亚起航，
用科技与创意重塑未来人居空间

在众多的留学故事中，白林松的经历如同一颗闪耀的星辰，独特而深邃。14岁那年，他独自踏上前往澳大利亚的求学之旅，从高中到大学，完整融入澳大利亚的教育体系。这段旅程不仅培养了他独立思考的能力，更成为他创业道路上不可动摇的地基，为他注入了无尽的探索精神和前行力量。求学之路不仅是一段成长的旅程，更是一场与世界对话的预演，让他日后在科技与创意的交会处点燃灵感的火花。

求学之路：14 岁的远航与成长

白林松的海外求学之路始于初中时期的交换项目。澳大利亚的教育方式和教学内容给当时的他留下了深刻的印象："在初中阶段就可以接触到计算机、导演、艺术等各种类型的课程，对于当时的我来说十分有意思。"这段异国求学经历让白林松对教育有了全新的感知与认识，经过与父母的深入探讨，他决定前往澳大利亚求学。

塔斯马尼亚州位于澳大利亚的东南部，由 300 多座小岛组成。在这里，白林松度过了三年高中时光。在这三年中，他对澳大利亚的教育体系和方式也有了更多理解。与中国的高考类似，澳大利亚也有大学入学考试。但不同的是，它并不是一锤定音的唯一标准，而是将高二和高三两年的成绩综合计算，作为大学录取的重要依据。"一共有八个内部层级和四个外部层级的考试，内部层级的考试中只要拿到一个 B，最终的整体分数评级就会受到非常大的影响。"这种考评方式给了白林松不一样的压力和动力，最终，通过不懈的努力，他以 94.5 分（满分 99.95）的优异成绩考入悉尼大学。

深度求知：在悉尼大学的淬炼时光

"Was working."——这是每个周末过后白林松回到学校和同学聊天时最常听到的话。在这所享誉世界的高等学府中，勤奋与创新的基因，深深镌刻在每一个角落。而他所攻读的专业，则将计算机、设计与建筑融合在一起，复合型的学科设置，也为他日后的创业提前做好了铺垫。

白林松（左一）获得悉尼大学全球杰出校友奖牌

"学校不仅重视专业知识的学习，更强调学生的全方位发展。"白林松回忆道。悉尼大学有丰富的实习机会，他在申请 IBM 悉尼总部的工作时，发现有一条"奇怪"的要求：申请者必须在校内加入体育社团。

"当时是有些郁闷的，我们这种创意、技术类方向的学生大多没有那么外向，并不会花很多时间在需要与人接触的运动社团上。"从此之后白林松逼迫自己走出舒适圈，加入了学校的游泳社团。这段看似与专业技能毫不相关的经历，却让他更加深刻地理解了澳大利亚教育体系对综合能力的重视，也收获了更多的启发。

大二的时候，看到周围的同学每周在忙碌地"working on interesting projects"，在同侪的压力下，为了更好地融入竞争激烈的环境中，白林松再一次主动改变自己。"很多几乎以满分考入学校的同学选了学校最好的专业，都在忙着尝试各种工作提升自己，我觉得自己更加不能落后。但是作为留学生在兼职工作方面受限比较大，所以我找到了一些本地同学，分担他们接到的工作，比如视频剪辑、网站搭建、App开发，只要是自己能做的都主动和他们沟通分担工作。"主动迈出的这一步，开始让白林松真正进入本地人的工作圈层体系。"我从那时起开始明白，建立协作性是非常重要的，需要自己主动开口。"

2015年，白林松在悉尼大学作为荣誉嘉宾主持颁奖典礼

这种主动性也体现在个人价值的展现上。白林松曾经联合几位同学，主动为学校开发了一套信息数据化程序，成功应用于重要的募捐活动，不仅收获了校长的感谢信，此后也获得了更多来自学校的各类工作机会。"在国外的环境中，没有人会主动'捞'你，你需要主动让别人知道你的能力所在。"

四年的学习经历，不仅让白林松积累了专业知识，更让他意识到综合素养、跨界协作、主动展现能力的重要性，这些都成为他日后创业路上的重要基石。

职业探索：从"业余项目"获奖无数到纽约时装周

职业选择往往是留学生极为关注的问题。对于白林松来说，他选择了一条循序渐进、不断探索的职业发展道路。

从悉尼大学以本届全校排名第一和获得大学奖牌（University Medal）的成绩毕业后，白林松首先到新南威尔士大学的建筑环境学院担任讲师，之后回到悉尼的IBM分部担任产品经理，主要管理云产品的设计。在这段工作中，他意识到公司的某些产品线"过于传统"。怀着对新兴技术的热情，白林松转投艾特莱森软件（Atlassian）。这家公司是澳大利亚的科技独角兽，为全球企业提供项目管理和开发及代码管理系统。在这里，白林松继续担任产品经理。此后，他又在谷歌悉尼分公司工作了一段时间，负责内部产品开发。四年间，白林松在产品开发管理、企业服务等领域积累了丰富的经验。机缘巧合之下，他被调往纽约工作，也正是在这里，白林松和同事接触到一些空间交互设计项目，这些副业经历最终促使他走上了创业之路。

如果按照时间线来说，白林松的创业生涯早在澳大利亚时便初见端倪。2014年，他带领团队设计了备受关注的TetraBIN智能垃圾箱项目。回忆设计初衷时，白林松提道："过去几十年的回收箱只是铁皮贴广告的升级，底层逻辑和产品定义并没有改变，所以我希望它能带来全新的体验。"

于是，TetraBIN应运而生。设计过程中，白林松和团队深入研究了用户行为心理学，将环保理念、互动设计和城市家居完美结合。他们不仅要考虑产品的功能性，还要确保其在城市环境中的适用性和维护的便利性。TetraBIN采用了独特的互动设计，当人们正确投放垃圾时，垃圾箱会播放音乐并显示有趣的光效，以这种游戏化的方式鼓励人们进行垃圾分类。

白林松（右一）和纽约团队同事合影

最终，这一项目获得了多个奖项，也让白林松意识到设计在富有创意的同时更需要真正解决问题。他开始思考如何用科技改变人们的日常生活习惯，为如今的创业方向选择埋下了伏笔。

2017年的纽约时装周，是他和创业团队的一个重大机遇。"大的设计公司制作的东西很容易同质化，用很短的时间找一个看得过去的模板，换个主题就交付了。"谈起最初的机缘，白林松如是说。也正是主办方对同质化的不认可，让他和团队有机会脱颖而出。此后，他们连续多年为纽约时装周、东京时装周和北京时装周打造走秀场景，优化空间投影效果，在追求完美的时尚舞台上，用源源不断的创意和扎实的技术不断经受着严苛的考验。

"时装周对一个团队的品位、细节、整体标准的要求非常高。"白林松坦言,"但我们的团队十分优秀,能够完成既有创意又具备可行性的方案。"来自纽约大学、罗德岛艺术学院等知名院校的设计师们,用灵感和实力赢得了认可。除了走秀场景的设计,他们还为电影《捉妖记2》在纽约的推广提供了支持,让中国文化与西方时尚实现了一次完美融合。

未来畅想：AI 赋能人居新空间

虽然取得了阶段性的成功,但白林松清醒地意识到,这些项目并非公司赖以生存的核心,也并不能给公司带来质变所需的量变积累。最终,他们将目光投向了 AI 与人居环境的结合。

"我们正处在一个特殊的时代,AI 技术在不断重塑每个人的生活方式。"白林松说,"特别是在居住空间的设计和使用上,AI 技术带来了此前难以想象的革命性改变。"

谈到行业趋势,白林松认为 AI 人居行业正在经历三个重要的变革：首先是从单点智能向系统智能的演进,不再是简单的设备智能化,而是整个居住系统的智慧化；其次是从功能导向向体验导向的转变,更注重用户的情感需求和生活品质；最后是从标准化解决方案向个性化服务的转型,能够根据不同用户的需求提供定制化的解决方案。

"AI 技术在人居领域的应用远不止智能家居"——这一理念贯穿于他们的产品设计中。他和团队正在研发的 AI 居住系统,能够掌握使用者的习惯和偏好,主动调整环境参数,甚至预测使用者的需求。比如,系统可以根据天气变化和使用者的习惯，提前调节室内温度；基于使用者的作息规律，自动调整照明环境；甚至能够感知使用者的情绪状态，相应地调整环境氛围。

白林松最为人称道的，是他对产品的敏锐洞察力和产品设计的卓越能力。他不仅是一位优秀的创业者，更是一位深谙产品哲学的产品经理。他追求的产品理念是将技术、设计与用户体验完美结合，使每一款产品都能直击用户需求，触动人心。

"我们的目的，是运用 AI 技术，优化居住空间的设计，提升空间使用效率，提供更加舒适的生活。我们不是要用 AI 取代人，而是要让 AI 成为人的得力助手，让居住变得更轻松、更舒适、更有品质。"白林松说。

白林松（右一）和团队设计师在深圳机场裸眼 3D 数字景观作品前合影

创业感悟：乐生于苦，吹尽狂沙始到金

创业过程充满挑战：从产品被抄袭到供应链问题，从资金不足到团队协作，每一天都在和困难打交道，每一关都考验着白林松的耐心与智慧。但在他看来，几乎每个创业者都会经历这样的过程，"真正愉悦的瞬间并不多"。

"不过，我非常感激一路同行的团队，"白林松说，"一个优秀的团队不仅是创业路上的基石，更是突破困境、创造奇迹的关键。好团队，真的太重要了。"

而提到创业者应该具有的能力，他认为非常重要的一项便是跨界学习。"作为创业者，需要懂财务、税务、法务、人事等方面的知识，还要理解技术研发、市场需求等多种知识。"白林松举例说明。在他所在的 AI 与人居空间领域，团队不仅需要了解 AI 的技术逻辑，还要洞察用户的消费习惯和行为心理。他将这种能力比喻为"将文理之分打破"，在技术与创意之间搭建桥梁。也正是这种跨界的思维方式，让他能够在 AI 人居这一新兴领域不断创新。

对于创业者，白林松分享了他的一些深刻经验和前瞻性思考：始终保持对行业的敏锐洞察力与无限好奇，主动探寻技术与市场的深层关联，从中找到突破口。他认为，未来的竞争不再局限于技术层面，而在于谁能设计出真正打动人心、引领未来的产品。

他的建议掷地有声：用心去感受，保持身体与思维的活力，never stop。创新需要澎湃的动力，创业更需要持久的耐力。而白林松，依然在路上。他相信，在未来的人居城市中，可以留下更多科技与创意完美融合的印记，打造超越时代的生活方式，为人类的未来构建更加美好的图景。

对青

第 4 部分

多维观察：
我们需要怎样的人才

BEYOND OVERSEAS
STUDYING

始于热爱，忠于选择：
从留学生到人力资源专家的华丽转身

　　谈及人力资源领域，人们心中或许会浮现诸如"雷厉风行""全能型选手""责任担当"等多种形象标签。但初次邂逅虞慧，给人的第一印象却是无比亲切。她脸上常挂着一抹温柔的浅笑，言谈举止间透露出优雅与从容。很难将这份温婉与她在职场上的形象——一位行事果断、高效的人力资源高管联系起来。

英国留学岁月,挑战与成长并行

在大二时,一向规划性很强的虞慧开始认真考虑她的留学计划。身为英语专业的学生,她对英语国家的文化和生活方式充满了浓厚的兴趣。在选择留学目的地时,她综合考量了安全性、稳定性、悠久历史、学制长短以及性价比等多个维度。在众多选项中,英国如同一颗璀璨的明珠,以其深厚的历史底蕴、稳定安全的社会氛围以及高性价比的教育体系脱颖而出。而爱丁堡大学,这所坐落于苏格兰心脏地带的古老学府,更是以其别具一格的魅力深深吸引了她,成为她的心仪之选。

虞慧在爱丁堡城堡

由于本科英语专业这一得天独厚的优势,虞慧在语言考试中比同龄人显得更为得心应手,最终不负众望,成功被爱丁堡大学教育学专业录取。回想起那段与国内教育环境截然不同的留学经历,虞慧深刻体会到,留学并非朋友圈中展示的那般光鲜亮丽,"留学是一件很有挑战的事情，不仅需要适应、调整课业的学习方式，更重要的是要学会独立面对社会"。

面对学习强度的大幅提升和学习内容的繁杂多样，虞慧更加感受到了主动探索式学习的重要性。在课堂上，中国学生通常比较谨慎，习惯于先思考再发言，而外国学生则更加积极主动，即使他们的观点并不成熟，也会勇敢地表达出来。"英国的教学模式可能更多倾向于启发式，每节课前都需要做大量的课外阅读来拓展视野，形成自己的观点；课堂上再进行小组成员间的思想碰撞，鼓励学生自己探索问题的答案。"

正是这段宝贵的海外求学经历，为虞慧提供了丰富的实践操作机会。她实地参观英国的学校，出席教育界各式各样的峰会，对教育类问题进行深入研讨。"这些经历对我回国从事教育行业起到了极大的推动作用，让我对教育学产生了深深的敬畏和热爱。"虞慧笑着表示。

热爱引领，回国投身教育热土

怀揣着对未来的憧憬和对教育的热爱，虞慧回国后加入了新东方，成为一名教育工作者。起初，她在分校的教师岗位上深耕细作，然后凭借出色的业绩，承担起了团队管理的工作。在做业务管理的第八年，她很幸运获得了从业务岗转到职能岗的机会，开启了职场的第二条曲线。

这一转变对当时的虞慧来说无疑是一个巨大的挑战，她需要从过去更多关注收入转变为关注经营收益，"做职能工作，需要通过赋能的方式让业务伙伴更有经营思维，推动组织长久、可持续发展"。

推动跨部门的协同工作，是人力资源管理者的必修课。在组织中，每个部门和岗位都承载着独特的职责，如何让大家相互理解和认同，进而形成合力，是至关重要的。虞慧很幸运，之前的业务管理背景和经验，帮助她能够更好地了解和理解业务，也让她能够更多思考职能部门如何更有效地支持业务发展。这也是跨模块轮动带给她的不同视角，即更强的同理心和全局感。对此，她却十分谦虚："新东方许多管理者都有类似的背景，他们能够在不同板块之间建立起桥梁。"

2022年，虞慧入选新东方集团"培英计划"，有幸获得调到集团人力资源部的机会。在集团工作的一年多时间里，她再一次经历了视角的切换，关注各机构的不同发展阶段和业务模式，关注短期经营和长期发展的平衡。目前，她作为集团人力资源部总经理助理，主要负责组织发展、薪酬绩效、教师发展三个核心板块的工作。

虞慧参与新东方高管培训活动

在人力资源领域深耕细作

在人力资源领域，OD 代表的是"组织发展"（Organizational Development）。这是一个专注于提升组织效能、促进组织变革和改善工作环境的专业领域。新东方集团的组织发展板块还处于成长发展的初期，目前主要聚焦配合集团战略决策组织架构的相关管理、集团各机构的岗位价值评估和组织健康度调查几项关键工作。

其中，要重点介绍下新东方集团的组织健康度调查，因为它更像自下而上的全面体检。新东方的员工总能定期收到此类调研，从而及时表达和反馈自己对于企业的看法和意见。"这一调查能够帮助大家了解组织和个体的真实状态，重新思考具体的工作设计是否真正能够激励组织里的每个人，以及我们的组织能力能否支撑我们走得持久和长远。"

虞慧负责的另一个板块是集团的薪酬绩效管理，也是和每个员工工作体验息息相关的板块。如果去看市面上大型公司的员工满意度调研，大多数情况会集中在薪酬绩效板块，因此这项工作的确也面临诸多挑战。如何做到外部竞争性与内部公平性相协调，是薪酬绩效工作团队每一天都要思考的问题。从外部的数据观测调研到内部各机构的数据梳理，再到形成针对性的方案和工具，并且充分征集意见及试行相关方案，都是希望每位员工能够感受到企业的诚意与用心，也是通过集团的规则和制度去保护和激励组织的贡献者。

2024 年，虞慧有了新的分工：参与教师发展工作。作为一名教育学专业的毕业生，她理解每位老师加入新东方时怀揣的那份教育理想，更理解新东方作为优秀的教育机构所承载的使命。虞慧一直认为，新东方老师是新东方的核心竞争力之一。所以，她希望通过自己和团队的努力，为处于不同发展阶段的老师提供更适合的培训内容，助力他们提升专业素养和教学水平；再通过教师职级体系和师训序列的建立和完善，让老师们在新东方有更多元的教学发展路径，能够在新东方更有归属感，从而更有成就感地开展教学工作。此外，虞慧与团队在2024年还共同策划并执行了"新东方·老师说"的创意活动，深得老师们的喜爱。这是一场属于新东方老师们的"脱口秀"，旨在让老师们站上C位，讲述属于他们的故事。设计这场活动，不仅是为了展现老师们的风采，更重要的是希望回归"新东方老师好"这一初衷，让更多人感受到新东方的精神和价值观。

虞慧筹备"新东方·老师说"活动现场

直面新生态，人才招募与战略创新

当今社会，大企业的年轻化浪潮正成为创新与活力注入的象征。随着年轻的"90后""00后"不断加入新东方，这些怀揣梦想与激情的年轻人纷纷表现出在这片教育的热土上实现自我价值飞跃的渴望。面对年轻人最关心的晋升路径与要求，虞慧耐心地介绍："新东方在人才选拔和培养上历来都是尊重能力，不会论资排辈。我们尤其期待年轻人能带来更多惊喜和创新，因此我们希望看到更多人愿意主动承担责任，积极创新，传递正能量。"

相较于其他大型企业，新东方的管理团队整体还是比较年轻的，这也从侧面反映了它鼓励优秀年轻人在平台上实现成长与发展的理念。"在新东方的基层管理者中，不乏未满30岁的青年才俊。"在探讨管理层年龄结构的话题时，虞慧补充道，"我个人当年选择新东方并能长期坚守，很大程度上是因为新东方愿意给年轻人机会。在这里，你得到的是一个真正公平竞争的舞台，你的每一份付出和努力，终将得到回报。新东方想要的管理者是有正确价值观的、愿意承担责任的、勇于创新的、坚持努力奋斗的。只要你愿意，就可以积极争取。"

和很多上市企业一样，新东方的招聘策略全面覆盖线上线下、海内海外。每年的校企合作峰会不仅是与国内顶尖学府交流的平台，更是精准匹配人才需求、展现企业品牌魅力的机会。除了通过在传统招聘平台上发力，新东方人力资源团队还积极开拓社交媒体，如脸书、小红书等新渠道，同时深入哈佛、哥伦比亚、宾大、伦敦大学学院、悉尼大学等海外顶尖学府进行线下招聘，精准触达"00后"学生群体。这一全球化布局，展现了新东方对国际人才的高度重视。"根据我的观察，越是顶尖学府的学生，目标感和规划性越强。我们当年读书的时候，大部分人还是比较迷茫的，无论考研、出国还是工作，很多时候就是别人怎么做我们就怎么做。明显地感觉到现在的学生是知道自己要什么的，并且会有意识地去搜集这方面的信息。"虞慧认真地说。

虞慧参与新东方全球联合校园招聘

提到当前学生在找工作时更看重公司的"经济回报"，比如薪资多少、福利待遇如何时，虞慧也分享了她的观点："首先对于学生来说，在择业时考虑这些现实因素是非常正常的。结合当前的社会经济环境，经济和安全的确成了很多学生在进行职业测评时会关注的重要维度。"她谈道："但是作为一名职场人，我们也要关注自己能够为企业创造多少价值。尤其是初入职场，我们需要更加关注企业对我们的投入和培养，能够保持自我的革新和进步，其实是职场人非常幸运的事情。"

人力资源高级管理者的职场智慧与领导力

虞慧深深记得,她的老领导、第一任校长曾经对她的评价是"有韧性"。似乎无论遇到什么样的业务问题或困难,她都能坚定自己的内心,不浮躁,保持目标感。这份韧性也会对她的做事习惯产生影响,比如如何应对生活中的困难。而这份韧性的背后其实还有另一个重要的原因,就是她对新东方有一种非常不一样的情结。"俞敏洪老师曾经赠予我一个词是'善良',我对新东方总是有一种强烈的使命感和责任感。这可能也是我在选拔干部时特别在意的事情。"

虞慧与俞敏洪的合影

作为管培生评委,虞慧提到自己在选拔过程中会更关注三类候选人:一是具备丰富实习和实践经验的学生,他们对企业岗位运作有深入的了解,求职目标清晰;二是海外留学生,他们拥有更广阔的视野和更强的适应能力,以及开放接纳新事物的态度;三是充满正能量、积极认可企业文化和价值观的学生。"我们很开心地看到,许多新东方老师都曾是新东方的学生,从小就对这里抱有深厚的情感,在他们身上往往可以看见新东方精神的传承,这也是新东方吸引人的原因之一。"

历经多年的管理实践,虞慧也总结出了团队管理的三大要素:"第一,职场中每个人都有特定的角色和立场,所以站在自己的角度去思考和解决问题是岗位要求,但有时候也有一定的局限性。当你经历过不同的板块后,你会有更强的同理心,并帮助你形成更加多元的视角。当然,任何一个岗位切换的重要前提是你要在自己的岗位上成为业务能手,用自己的实力赢得他人的信任。第二,作为管理者,要勇于和敢于承担责任。当遇到困难和问题的时候,管理者需要在信息或资源有限的情况下,勇敢地作出决策,带领团队迎接挑战。第三,作为团队的管理者,要更加注重对底层逻辑的思考。无论是向上汇报、向下传递任务还是平级资源协调,都应该更多地说明为什么做,只有达成更多认知上的共识,才能推动任务更好地执行。"

忠于内心选择,让坚持绽放光彩

随着想要进入教育行业的人越来越多,就业环境越来越"卷",很多年轻的同学在找工作的时候总是万分迷茫。对此,虞慧与大家分享,保持积极的心态是至关重要的。"任何企业都希望找到积极、有能量的员工,'躺平'的求职者不受欢迎。"她鼓励同学们在力所能及的情况下更多地向外看,增加自己的经历和实习实践,这有助于厘清自己的职业目标,并坚定地向目标迈进。"求职和专业选择没有绝对的标准,找到一个自己

第 4 部分　多维观察:我们需要怎样的人才

喜欢的领域，即使需要付出更多的努力去学习，也值得为这份喜欢买单。年轻人不要害怕试错，要多体验不同的人生，因为有限的生命里能有更多的经历和体验是一件非常幸福的事情。"虞慧如是说。

面对未来升学路径的选择，她也现身说法："我鼓励大家有机会去留学，它能让你看到不一样的世界，拥有更广阔的视野。在留学期间，你会遇到各种各样的问题，需要自己面对和解决，这种独立解决问题的能力在职场中很重要，是一笔可迁移的宝贵财富。同时，留学也让我更加积极地看待生活中的挑战。我相信能量守恒，即使遇到负能量的事情，也总有正能量的事情在前面。"

从留学生到教师，再到人力资源高级管理者，虞慧身上仿佛拥有源源不断的能量。她深信终身学习的力量，秉持全球化视野，以更加积极的心态倡导大家成为具有独立人格的职场精英，在职业生涯中不断获得成长与卓越成就。

九年深耕，
海外校园招聘的领航之路

自 2015 年进入智联招聘后，徐晨一直在海外校园招聘领域深耕，到现在已经几个年头了。工作的这些年，她说自己最大的收获是接触到了更多不同类型的企业和人才，以及更加深入地了解了人力资源行业的运作机制。同时，她也感谢智联招聘为她提供了一个开放、创新的工作环境，让她能够不断挑战自我，实现自我价值。

职场初探：不断尝试后的最终选择

和其他学生不太一样的是，徐晨的家里人有一半都在国外定居，因此出国留学就变成了家中孩子们都会选择的一条路。她中学阶段经常以夏令营或者游学的方式出国学习交流，也在高考后进入了加州大学戴维斯分校。留学期间，她不仅收获了丰富的知识，还结识了来自世界各地的朋友，参加了各种社团和志愿者活动。这些经历不仅拓宽了她的视野，也让她对未来有了更多思考。

毕业后，徐晨并没有像大多数学生一样按部就班地找一份稳定的工作，她的家人和她都认为工作是一辈子的大事。"毕业的时候才20多岁，工作到65岁的话，要工作四十多年，一定要做自己感兴趣且有动力一直做下去的事情。"

因此，毕业后的徐晨其实尝试过很多领域的工作。她曾在美国的一家知名会计专业服务机构实习，但在体验了繁忙的报税季后，她意识到自己并不适合这个行业，于是决定回国发展。回国后，她并没有立即投身于传统的职场，而是选择了创业，工作虽然忙碌辛劳但也能收获一番别样的乐趣。

后来在一次和朋友的闲聊中，她得知自己的大学同学在智联招聘做人力工作，同学说深圳有一个岗位是做海外留学生社群运营的，刚好和她多元丰富的经历很契合，于是就推荐她试一试这个工作。借此机会，2015年夏天她正式加入了智联招聘，做海外业务的相关工作，这一坚持就是九年。

人力资源是个系统工程：智联招聘不只是招聘

"大部分人在听到智联招聘或者其他的求职平台时，第一反应就是招人，但其实不是的。"徐晨介绍道，智联招聘有很多其他业务，包括所有与人力资源行业相关的，比如培训、广告发布、雇主品牌包装等。起初，她主要负责留学生社群的运营，但随着企业"出海"需求的增加，徐晨逐渐转型为业务对接人员，最终成了全国海外业务的负责人，不仅帮助众多企业成功招聘到海外留学生，还推动了智联招聘海外业务的快速发展。

讲到具体工作内容，徐晨主要负责两个团队：一个是高校关系团队，一个是海外业务团队。就高校关系来讲，主要是做一些校园宣讲活动、公益活动，以及针对大学生群体的就业报告等。她希望自己的团队能协助好公司，做学校和企业之间的桥梁。就海外业务来讲，一方面，她希望能帮助更多留学生或海外高端人才回国就业，为我国经济发展注入源源不断的人才力量；另一方面，随着当前中国企业国际化趋势的推进，企业会在海外建分公司，她也希望自己的团队能够协助这些企业在境外落地，包括团队搭建、组织架构调整等。

心中有想法，脚步要跟上

因为做的是海外校园招聘，徐晨每年都能接触大量年轻的求职者。虽然站在 HR 的角度和立场，她认为作为求职者有明确的职业规划，知道自己要干什么非常重要。但其实在二十几岁的年纪，真正有特别强的目标性和计划性的人挺少的，大部分还是挺迷茫的。所以在这种不明确的状态下最应该做的就是多去尝试，可以先就业再择业。也许大家不知道选择什么，但肯定知道自己喜欢什么，对什么感兴趣。"比如，你觉得现在新能源发展很好，想去新能源企业，或者想去互联网、智能制造等行业，如果你感兴趣就要去尝试。如果发现它不适合，你再转换赛道去做一些其他的尝试。"她觉得迷茫的状态下更需要行动起来，而不是思来想去、犹豫不决。

当然进入新领域也并非易事，需要提前做足准备。大家都明白"机会是留给有准备的人"这个道理，但是真正去做准备的人其实并没有那么多。那怎么准备呢？徐晨认为，如果你想进入这个行业，就要去做与这个行业相关的努力，来佐证自己是想要进入这个行业的，是有能力进入这个行业的这个企业的。只有做了这些准备，才能让企业信服你是这样的一个人，当然就更有机会获得自己想要的工作。

在接触应届毕业生的过程中，徐晨发现每年都有一定比例的人群并不急于找到一份稳定的工作，而是选择了灵活就业、缓就业、慢就业。一方面，随着社会经济的发展和家庭经济条件的改善，许多年轻人在初入职场时不必像前几代人那样承担沉重的养家糊口责任。这种经济上的相对自由使得他们有更多的时间和空间去探索自己的兴趣、能力和职业发展方向，而不是急于追求一份稳定的但可能并不完全符合个人志向的工作。另一方面，新一代求职者更加注重工作与个人兴趣、价值观及生活方式的契合度。每年一千多万毕业生不可能都找到满意的工作，拥有一份自己非常满意的薪水。在找到真正心仪的工作之前，他们更愿意花费更多时间进行尝试和探索，甚至选择灵活就业的方式，以保持职业选择的灵活性和多样性。

徐晨在工作中

　　徐晨在工作期间结识了一位舞蹈专业的女孩，她与众多同行不同，虽然顺利考取了舞蹈教师资格证，却并未选择加入任何官方的机构或学校。她以一种灵活自由的方式，在多个舞蹈工作室间穿梭教学，根据各机构的课程需求安排自己的日程。此外，她还巧妙利用闲暇时光，在小红书上分享探店体验，以此获得了另一份收入。这样的生活方式，让她即便没有固定的工作单位，她的整体收入也相当可观，成为灵活就业的鲜活例证。

　　在当今的多元社会中，各种机遇层出不穷。徐晨深刻感受到，只要个人有寻找工作的意愿，总能找到适合自己的位置。当然，这份工作可能并不完全符合最初的设想或期望，但关键在于勇于尝试与调整。当发现当前路径不尽如人意时，不妨转换视角，探索其他职业发展的可能性。

AI 时代的职场应对：适应与成长

随着 AI 等新技术的快速发展，许多人担心自己的岗位会被机器取代。徐晨认为新技术的发展确实会取代一些重复性和数据密集型的工作，但同时也会催生新的职业和岗位，如 AI 伦理师。虽然随着科技的发展，我们依赖技术，但是数据是没有情感的，还是需要人去做一些界定和判断。

她举了自己公司的例子，"比如做设计，要想设计好就得和设计师多沟通，把背景、客户想要的呈现效果说清楚，虽然现在用 AI 有可能一张图一下就设计出来了，但还是需要人为地去调整，因为技术这个东西是没有感情的。"尤其在中国这样的人情社会，那些需要大量人际沟通或是需要输出大量情绪价值的工作，是不会被轻易取代的。

徐晨与工作伙伴合影

当然，我们无法阻挡历史前进的车轮。作为社会的个体，我们也要适应时代变化，虽然科技无法完全替代人类，但在某些领域和岗位上，人机协作已成为常态。因此，职场人士应学会利用 AI 等工具提高工作效率，同时保持自己的创造力和情感价值输出能力，以在人机协作中保持竞争优势。徐晨的手机里也下载了很多 AI 工具，也经常去寻求一些帮助，但最后还是会靠自己去做一些梳理和调整。"我们不能等时代来适应自己，而是要适应这个时代。"徐晨总结道。

除了 AI 发展的冲击，很多人都觉得当下的就业形势越来越严峻。但徐晨觉得与其说严峻，不如说复杂。例如，35 岁就被裁员，就业市场只喜欢招年轻人这种现象，她觉得社交媒体过于夸大了这种论调。她说自己已经 36 岁了，但是依旧没有被裁，因为跟年轻人在一起很有活力，她身边的同龄人也没有这种危机感。

总结一句话，就是打铁还需自身硬。只要自身有价值，是不会被替代的，但如果自己没价值，不管多少岁都会被替代。

在智联招聘的九年时光里，徐晨不仅见证了海外校园招聘领域的蓬勃发展，更在机遇与挑战中不断进步，成为连接企业与人才的重要桥梁。她的故事，是对深耕与变革最生动的诠释，提醒我们在这个快速变化的时代，唯有不断学习、勇于尝试、持续创新，才能在职业生涯中绽放光彩。

在变革浪潮中领航，
二十年资深 HR 的从业生涯与行业演进

在当今竞争激烈的商业浪潮中，人力资源管理扮演着至关重要的角色。在人力资源领域深耕多年的 Bossia，凭借丰富的经验和敏锐的洞察力，为职业生涯留下了深刻的印记。如今的她，怀着对青年人才发展事业的热情，以开放的心态重塑自身职业价值，投身校园雇主品牌建设及青年人才培养的工作中。

跨专业学习，不断拓宽知识视野

Bossia 的求学经历丰富而多元。2003 年，本科毕业后她选择直接参加工作。五年后，Bossia 决定重返校园，前往中国青年政治学院攻读法学硕士学位，开启一段新的旅程。这一跨专业的选择并非偶然，而是源于她对知识的渴望和对未来职业发展的长远规划。"一是我本科毕业后就进入外资企业工作，工作中会接触到一些法律内容，逐渐感受到自己在这方面还存在不足。"她解释道，"二是当时有了调整发展方向的想法，在我看来，法学是个比较不错的方向。但最后兜兜转转，还是留在了人力资源领域里。"

Bossia 在北京读书期间的照片

虽然与此前专业方向差别较大，但 Bossia 在攻读硕士学位期间，展现出了非凡的毅力和学习能力。她不仅系统地学习了法学专业知识，还将其与本科所学的管理学知识相结合，为日后在人力资源领域的工作奠定了坚实的理论基础。

2020 年，Bossia 再次回到校园，在中国社会科学院大学攻读经济管理学博士学位。此时的她，已经在人力资源领域积累了丰富的实践经验，但仍然坚持学习，希望通过进一步的深造，深入研究人力资源管理在宏观经济环境下的战略作用，探索如何更好地为企业的发展提供有力支持。"人力资源是一个非常注重实操的职业领域，对从业者的要求比较全面，包括学历背景、专业技能以及实践经验。我已经有了管理学和法学的相关知识，如果再对经济学有比较深的了解，那么对职业发展是非常有益的。"Bossia 总结道。

辗转多个行业，坚定人力资源领域

Bossia 的从业经历，就是一段持续追求卓越、适应变化的奋斗故事。本科毕业后，她进入全球最大的汽车零件供应商之一博格华纳，开启了职场生涯。她从国际商务开始做起，后来转入人力资源，从此就再也没有离开过这个领域。

后来，她先后在多家世界 500 强企业任职，包括外资制造企业、电子企业和 BPO（业务流程外包）企业等。她担任过人力资源高级经理、海外人力资源总监等，不断拓宽自己的职业视野，提升专业技能。

2018 年，Bossia 加入咨询业全球头部公司，成为校园雇主品牌建设及青年人才培养计划总监，这标志着她的职业生涯实现了又一次重要跨越。在这里，她负责全国范围内的人才资源规划，包括校园招聘、校园雇主品牌建设以及青年人才培养等工作，积极与国内外高校建立合作关系，吸引优秀毕业生加入，为公司的发展注入新鲜血液。"我在人力资源领域也有二十年了，可能到了如今的阶段就会非常愿意跟年轻人打交道，甚至是在一起工作，也希望能将我的一些人生经验和工作经验传递给年轻一代，可以说，这也是我的职业兴趣与理想。"Bossia 笑着表示。

Bossia（中）参加高校访企拓岗活动

走进咨询行业，用知识和技术提供解决方案

Bossia 所在的咨询公司总部位于法国，是业内领先的数字化咨询企业，在全球范围内拥有广泛的业务布局，涵盖 IT 咨询、IT 工程服务、

战略咨询等多个领域，致力于通过创新的技术解决方案，帮助客户实现数字化转型，提升企业竞争力。

咨询行业的工作节奏非常快，市场竞争压力也比较大，从业人员需要在项目开展或推进的时候快速响应需求，抢占先机。Bossia 所在的咨询公司业务基本覆盖全行业，如汽车、能源行业等，甚至法国总部还会涉及军工、金融、快消、商业地产等领域。因此，这家企业非常重视员工的多元性和专业性。

对 Bossia 来说，绩效评定也是她的工作职责之一。考虑到咨询行业所覆盖的岗位种类复杂多样，在通常情况下，咨询公司会采用比较灵活的考核机制。公司既关注员工的 KPI（关键绩效指标）达成情况，又注重员工的工作态度、团队协作能力和创新能力等。"我们既需要关注 KPI，又不能过度关注 KPI。因为咨询是一个随形势而不断变化的行业，我们需要确保员工的工作与公司的战略目标紧密结合。"

Bossia 作为公司代表，与中巴国际产教合作联盟共同举办中巴青年交流活动

AI 时代，人力资源工作的机遇与挑战

对于未来人力资源领域的发展趋势，Bossia 认为，随着人工智能、大数据等技术的不断突破，人力资源管理将更加数字化、智能化。"例如，我们可以通过数据分析更精准地预测人才需求、评估员工绩效，为企业决策提供有力支持。同时，我们也更需要关注员工的心理健康，以及工作与生活的平衡，营造更加人性化的工作环境。"

同时，她也承认，AI 技术的不断革新，还是给人力资源领域的工作带来了一些挑战。"目前我们有些岗位的工作内容重复性较高，未来这些工作极有可能会被 AI 技术取代，这也是值得我们警醒的。但同时，AI 技术也给我们带来了很多机遇和便利。我们现在已经开始通过一些智能化的系统来辅助工作，提升服务效率；AI 技术开发管理平台也可以帮助我们推进日常工作。"

机遇与挑战并存的就业环境

在人力资源领域耕耘多年，除了绩效评定与管理等相关工作，Bossia 在招聘方面也有丰富的经验。面对每年庞大的毕业生群体，不少企业会采取一系列创新有效的招聘策略，如除了传统的招聘网站和校园招聘，也会利用社交媒体、专业论坛等平台发布招聘信息，这不仅可以帮助企业吸纳优质人才，还有助于扩大企业的影响力。

作为校园雇主品牌建设及青年人才培养计划的负责人，多年来 Bossia 不断走进各个高校校园，与学生们交流沟通，聆听他们的真实想法与需求。每一次踏入充满活力与朝气的校园，她都仿佛回到了学生时

代，对年轻人面临的机遇与挑战有着深刻的共鸣。"我还记得我当年求职时，就业市场相对稳定，竞争压力比现在还是小的。"

如今，就业市场竞争激烈，行业变化较快，求职者需要具备更强的能力和素质，才能从众多的竞争者中脱颖而出。"首先是扎实的专业知识和技能，这是进入企业的基本门槛。其次是良好的综合素质，包括沟通能力、团队协作能力、领导力等。这些能力能够帮助求职者在工作中更好地与他人合作，解决问题。此外，适应能力也是关键因素。在快速变化的商业环境中，能够快速适应新环境、学习新知识的学生更受企业欢迎。"Bossia 总结道。

不过，面对当下如此严峻的就业市场，作为人力资源领域的资深从业者，Bossia 也承认："信息错配是一个显著问题，企业招聘需求与求职者的就业期望之间存在的差距，导致双方都难以满足自身的需求。求职者更加注重工作与生活的平衡、个人发展空间与企业的社会责任；企业则更倾向于招聘具有创新能力、适应能力和团队协作能力的人才。"

面对这些挑战，她认为人力资源从业者需要深入了解市场需求和人才特点，加强与高校、企业的沟通与合作，搭建更加精准的人才供需对接平台。同时，要注重培养员工的综合素质和适应能力，提升企业的雇主品牌形象，以吸引更多的优秀人才。

对于正在找工作的大学毕业生，Bossia 建议他们，首先要明确职业目标，了解自己的兴趣和优势，选择适合的职业方向。其次要提前做好职业规划，在校期间积极参加实习、社团活动等，积累实践经验。最后要保持积极乐观的心态，勇于面对挑战，不断学习和进步。

Bossia 在人力资源领域的经历，就像一部不断追求卓越、适应变化的奋斗史。她的故事给人力资源从业者、求职者和企业管理者提供了宝贵的经验和启示。在未来的职业生涯中，她也将继续在人力资源领域发光发热，站在校园招聘的一线，为企业发展和人才培养贡献自己的力量。

找准方向持续发力：
从内向的计算机学子到小米人力精英的蜕变

在大学这座象牙塔里，梁珊的故事是关于自我探索、兴趣驱动与职业转型的精彩篇章。她本科就读于中国石油大学（华东），选择的是信息管理与信息系统（简称"信管"）专业，然而命运的齿轮并未完全按照她既定的人生轨迹旋转，她的职业生涯最终落在了人力资源这一与理科教育背景格格不入的领域。

转型之路：从理科生到人力精英

初入大学，梁珊像许多新生一样，对未来充满了好奇与迷茫。大一时，她并没有急于投身繁忙的社团活动，而是谨慎地选择了自己感兴趣的校级社团——校团委青年新媒体中心设计部门。这份对新媒体和校园文化的热爱，为她的大学生活拉开了序幕。在这里，她从一个默默无闻的小组员，逐渐成长为部门的副部长，乃至整个校团委青年新媒体中心的领头人。这段经历不仅锻炼了她沟通协调的能力，更让她从一个内向的女孩成长为能够自信地站在台前、面对成百上千人的演讲者。这样的转变也成为她后来选择就业方向的关键因素。

大三的梁珊面临考研与就业的两难选择，开始了深入思考与自我剖析。尽管信管专业的保研机会近在咫尺，但校团委的工作经历让梁珊发现自己对编程的热情逐渐消退，反而更加享受与人打交道的乐趣。于是，她决定将更多的时间和精力投入学生工作，并加入了学校的学生就业指导中心，担任就业助理。这一决定让她提前接触到了人力资源工作，也让她对这一领域产生了浓厚的兴趣。

一次偶然的机会，梁珊通过老师的介绍，与小米的 HR 建立了联系。凭借在校就业指导中心工作积累的丰富经验和出色表现，她顺利通过了面试，加入了小米这个充满活力与创新的企业。在小米，她从事的是校企合作与招聘的相关工作，隶属人力资源部门。

从一名信管专业的理科生，到小米的人力精英，梁珊的转型之路离不开大三时在学生就业指导中心的工作。这段经历不仅为她往后的工作铺设了坚实的基石，更让她的工作在变换的场景中保持了连贯性——从校园到企业，角色虽变，但工作的本质未变。在校期间，梁珊作为学生就业助理，致力于满足企业对于人才的多样化需求。如今在小米，她则转换立场，承担起连接集团内部各业务部门与高校之间的桥梁角色——通过各类校园活动，发掘并吸引那些与企业需求高度契合的优秀人才。

企业深化校企合作，前置性策略抢占人才高地

从学生转变为职场人的这几年，梁珊感慨万千，尽管现在就业市场面临挑战，企业对于人才的渴求却日益凸显，优秀人才的招募难度一直都很高。因此，她所在的团队也积极采取多元化的策略，不再仅仅局限于传统的校园招聘季，而是提前布局，通过多种形式深化与高校的合作，更高效地吸引并锁定这些宝贵资源。

在小米的校企合作部门，梁珊的主要工作是通过各种形式的活动，将小米的技术和企业文化引入校园，例如支持各类比赛、参加学术论坛等，使学生对小米公司及其技术品牌有一定的感知和了解。此外他们还与学校一起开设一些联合培养的课程，例如学校的一门必修课有20节，可能有3—5节课会让小米的工程师去上。工程师们会分享行业动态及小米的技术进展，然后布置作业，让同学们从多维度理解课程内容，更深入地了解技术在企业中的实际应用场景。

不仅如此，他们团队还针对高年级的学生特别是即将开始实习和就业的学生，开展了一系列定向培养活动。例如定期邀请业务主管和技术专家来校交流，展示其创新能力、工作内容、业务前景和职业发展路径。这种前置性的合作模式不仅能在学生心中树立积极正面的企业形象，还能在更早阶段识别并培养符合自身需求的潜在人才，同时也为学生提供了更

多了解行业、探索职业道路的机会，实现了企业与高校的双赢。

梁珊回母校做职业生涯指导分享

在工作过程中，她发现小米的一些有关国际交流或跨国业务的岗位非常喜欢招有留学背景的学生，相较于国内的同学，留学生首先具备外语优势，其次他们在国外的生活和学习经历使其更了解目标国家的政策环境、风土人情，这对于日后工作的顺利开展无疑是大有裨益的。这种深入了解不仅有助于他们更好地融入当地文化，还能在解决实际问题时提供独特的视角和方案。

梁珊很喜欢现在的工作。在小米的这几年，她不仅实现了自己的职业梦想，更在帮助他人实现职业梦想的过程中获得了成就感和满足感。

就业市场新风向：大学生求职心态的转变与企业对应届毕业生的偏爱

从 2021 年毕业到现在，虽然工作时间并不长，但是梁珊明显感受到了就业环境的变化。2020年之前,也就是她在大三的时候,周围很多同学都是抱着"我挑公司"的心态,学长们都觉得自己不缺工作。但是现在大家就会发现,原来合适的工作并没有那么好找,需要自己主动、提前去做准备——积极地去寻求到企业实习的机会,积累工作经验,为未来的求职之路增添砝码。

与此同时,校企合作也呈现出新态势。以前在学生就业指导中心做助理的时候,校企合作都是企业主动找学校的老师,而老师们对于前置性的人才培养项目持谨慎态度。现在,等梁珊走出校园成为真正的HR的时候,学校老师和企业的角色也发生了对调,学校从之前的"佛系""坐等机会",变为积极寻求与企业建立更紧密的联系。

梁珊进行校招宣讲

"还有一点变化也很明显。"梁珊提道,"现在的企业越来越偏爱校招生。"校招的员工都是刚刚毕业的学生,工作习惯和思维是一张白纸,会更有利于一个公司培养认同自己企业价值观、有自己企业思维及工作风格的员工。"小米的价值观就是真诚热爱,这种价值观的培养,会通过企业内部的一些日常活动让员工去认识、去感知，然后再潜移默化地影响员工的价值观。"梁珊解释道。

智慧求职：HR 视角下的求职秘籍

作为 HR，梁珊在每年校招季都会接触很多应届毕业生，她也发现很多企业采取的都是滚动录取制，这也意味着好的工作岗位"先到先得"，因此她建议毕业生面对想去的公司或岗位，要尽早地、提前去了解、掌握这个公司的一些招聘信息，并在这个公司可能刚发布校招信息的时候就去投简历，"因为你投得越早，你的机会就越大；投得晚，就算这个岗位可能很合适你，但在你之前有更合适的同学已经通过面试甚至被录用了，这个岗位的名额就没了，所以一定要尽早去找工作。"有一次她就遇到了这种情况，有个岗位上午刚刚确定了人选并发了 offer，下午就发现了一个更加合适、更加优秀的求职者，但是她也没有办法。她有时候觉得"早起的鸟儿有虫吃"这句话真的是颠扑不破的真理。

在面试过程中，梁珊对求职者的态度和能力有着深刻的体会。她强调求职者要对自己的职业生涯有清晰的规划，而且一定要自信地认为自己一定能胜任这个岗位，并抱着"我非常适合这份工作，你不招我就亏了"的心态去面试。"你都不认为自己能胜任这个工作，那么 HR 为什么会觉得你能胜任这个工作呢？"梁珊解释道。

值得一提的是，留学生在这一环节上展现出了令人瞩目的自信。他们带着从异国他乡磨砺出的坚定与从容，在与企业 HR 的交流中，自信成了他们最耀眼的名片。

国内的一些同学在面试时可能会表现出些许不确定，比如递交简历后，他们可能会询问："老师，您觉得我适合这个岗位吗？""我能否通过简历筛选呢？"然而，留学生群体则截然不同，他们坚信自己与所申请的职位高度匹配，几乎不会自我怀疑，而是抱着"不选择我将是你们的损失"这样的积极态度。这种自信不仅让他们在激烈的求职竞争中脱颖而出，更贯穿于他们整个职业生涯。面对挑战和困难时，他们往往能够保持冷静，不易受挫，这种心态对于解决复杂问题、推动项目进展至关重要。

此外，梁珊还建议大家在接受自己最想去的那几个公司面试之前，一定要找几次模拟面试的机会去锻炼。面试训练不仅可以帮助求职者熟悉面试流程、掌握面试技巧，还能让求职者在实战中发现问题、改进不足，从而提升整体表现。通过不断的演练和调整，求职者可以更加自信地迎接心仪岗位面试的挑战。

从校园助理到企业 HR，梁珊的角色发生了巨大的转变，但初心依然是满足企业和学生的需求。回顾自己的成长历程，梁珊感慨万分。从最初在校园中的迷茫，到通过校企合作项目逐渐明确自己的职业方向，再到如今在职场上的游刃有余，每一步都凝聚了她的努力和汗水。

梁珊的故事是许多年轻人从学生成长为职场人的一个缩影。她用自己的经历告诉我们：只要勇于尝试、不断学习，保持自信和清晰的职业规划，每个人都能在职场中找到属于自己的位置，书写属于自己的精彩篇章。

实现家庭与工作的平衡：
毅然转行人力资源领域

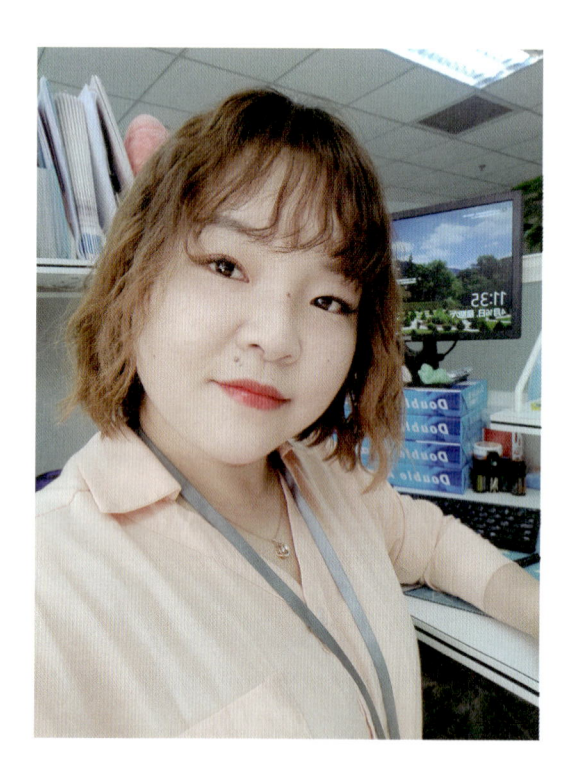

在繁忙的都市中，杨雪是一位在会计师事务所默默耕耘了七年的资深员工。她的故事，是许多职场人士追求家庭与工作平衡、不断挑战自我、实现职业梦想的缩影。

实现家庭与工作的平衡：毅然转行寻找新方向

七年前，杨雪还是一名教育培训行业的从业者，虽然工作充实，但周末和节假日的时间常常与孩子的假期错开，让她难以充分陪伴家人。为了更好地兼顾家庭与工作，杨雪决定寻找一份新的工作。最终，她加入了现在的大华会计师事务所，成为一名 HR 合伙人。会计师事务所的工作时间相对灵活，这让杨雪有更多时间陪伴家人。

在职业生涯的长河中，每个人都会遇到几个关键时刻，它们如同道路上的巨石，考验着我们的决心与能力，杨雪也不例外。在刚刚进入大华时，她被临时分配了一个全新的任务——负责一项紧急的投标项目。这对于从未接触过投标的杨雪来说，无疑是一个巨大的挑战。没有前人的经验可借鉴，没有系统的培训可依赖，只有冷冰冰的招标文件和一串串陌生的专业术语，仿佛在向她宣告："这是一场你从未准备过的战斗。"

面对这样的困境，杨雪最初感受到的是深深的挫败感和无助。她无数次地问自己："我真的能完成这个任务吗？"她甚至有过放弃的念头。但每当这些消极的想法浮现时，她骨子里那股不服输的劲头就会立刻将她拉回现实。她告诉自己："没有人告诉我怎么做，那就自己找答案；没有过往资料可参考，那就从零开始摸索。"

于是，五一黄金周的假期成了杨雪最忙碌的时光。当大多数人沉浸在假期的欢愉中时，她却在办公室里加班加点，一头扎进了投标的海洋里。她利用网络资源，查阅了大量招投标知识，从最基本的概念到复杂的流程，一点一滴地积累。遇到不懂的问题，她就想尽一切办法询问，无论是同事还是行业内的朋友，都成了她求知的对象。

在这个过程中，杨雪还面临着与不同部门沟通协调的难题。因为她需要收集各种资料，而这些资料往往散落在不同的部门。为了确保项目能够顺利进行，她不得不频繁地穿梭于各个部门，耐心解释、反复沟通，最终赢得了大家的支持和配合。

杨雪与儿子在乌兰察布的乌兰哈达火山

经过一个多星期的奋战，杨雪终于在规定的时间内完成了投标文件的撰写。虽然过程充满了艰辛和不确定性，但当她看到那份凝聚着自己心血和汗水的投标文件时，所有的疲惫都烟消云散了。更让她欣慰的是，这份文件最终成功帮助公司赢得了项目，为公司的发展贡献了一份力量。

后来，她回顾这段经历时感慨道："面对未知和挑战，我们或许会感到迷茫和无助，但只要保持不屈不挠的精神，勇于探索、敢于尝试，就一定能够找到解决问题的办法。"

徒步之旅：一场关于准备与坚持的启示

在工作的这些年，杨雪渐渐喜欢上了徒步，一开始接触时她以为这不过是一项简单的户外活动，只需轻装上阵，便能享受大自然的馈赠。但是在徒步的过程中，她遭遇了种种挑战。有时崎岖不平的山路让她步履维艰，有时突如其来的暴雨让她措手不及。最让杨雪难忘的是，一次朋友不慎滑倒，身后就是万丈深渊，还好朋友抓住了旁边的树枝才没有造成不可挽回的结果，那个惊险的瞬间也让她感受到了生命的脆弱与无常。后来她逐渐意识到，徒步并非想象中那般轻松。每一次出发前，她和队友都需要精心规划路线，准备充足的装备，甚至要密切关注天气变化，以防不测。但正是这些经历，让她深刻体会到了"不打无准备之仗"的重要性。

将这段徒步经历与职业生涯相联系，杨雪发现，像准备徒步一样，工作上更需要提前做好充分的准备。在项目启动前，她学会了像规划徒步路线一样，制订详细的工作计划，明确目标、分解任务、预估风险，确保每一个环节都能顺利进行。无论是面对自然的挑战还是职场的竞争，只有做好充分的准备，才能从容应对各种未知和困难。

疫情下的求职怪圈：HR 的困惑与反思

在会计师事务所，杨雪主要负责一些项目的跟进以及团队的人力资源工作。让她感触很深的是，近几年求职市场似乎陷入了一个怪圈：大批求职者难以找到心仪的工作，而企业也难以招到合适的人才。

杨雪在草原上

她所在的公司常年招聘高级项目经理，但近两年几乎未能招到合适的人选。杨雪坦言："我们一年到头都在招人，但合适的人选寥寥无几。"与此同时，求职者的简历如潮水般涌来，每天都能收到百八十封邮件，但其中 90% 都是无效的——专业不对口、经验不匹配，甚至有人连简历都写得前言不搭后语。

杨雪回忆起一次筛选简历的经历，她惊讶地发现，在众多投递高级审计经理职位的简历中，竟然有学兽医专业的求职者。这些五花八门的简历让她不得不感叹："现在投简历的人虽然多，但质量上差得不是一星半点。"

在剩余 10% 的求职者中，经过进一步精细筛选，仅有大约 5% 能够获得面试的机会，这本身已属难能可贵。然而，在这 5% 之中，当进行面试邀约时，还会遇到各种不可预见的情况。

首先，地域因素可能成为一道门槛，导致部分求职者因距离较远或交通不便而选择放弃。其次，求职者的当前职业状态也可能影响他们的决定，比如那些已在职又打算寻求新机会的人，可能会因为时间安排上的冲突而无法前来。最后，即便面试安排、薪资待遇等细节都已谈妥，并成功发出了入职邀请，仍有可能遭遇"爽约"的情况，即求职者最终未能按约定入职。

最终，经过这一系列筛选与邀约的过程，能够成功入职并真正适应岗位的人，可能仅占最初求职者的 1% — 2%。在复杂多变的职场环境中，找到真正合适的人才非常不容易。

这一现象让许多人力资源从业者深感困惑，大家不禁思考：这中间到底出现了怎样的偏差或断层？面对这一困境，杨雪和她的团队并没有气馁。他们积极与总部人力资源部探讨，试图从多个角度寻找问题的根源。他们反思是否是宣传不到位、职位发布平台选择不合理、招聘需求描述得不够清晰等原因导致的。为此，大家进行了一系列调整，包括优化职位描述、放宽限制条件、调整薪酬结构等。然而，这些努力似乎并未带来显著的改善。

杨雪认为，疫情后经济环境不如从前可能是加剧这一困境的重要因素之一。疫情后的社会风气似乎变得更加浮躁，人们很难静下心来认真规划自己的职业生涯。许多求职者盲目投递简历，缺乏对自己职业目标的清晰定位，而企业则受各种因素的影响，难以找到真正符合需求的人才。

招聘的艺术：一问之间的深度洞察

作为一位经验丰富的 HR，杨雪认为在面试接近尾声时，那一句"您有什么问题想问我们吗？"不仅是对求职者好奇心的吸引，更是对其职业态度、职业规划及对公司认知深度的一次微妙考验。

她曾无数次目睹，这一问之下，求职者的反应千差万别。有的匆匆点头，却难掩眼中的迷茫；有的则滔滔不绝，展现出对职位、公司及行业的浓厚兴趣。而在杨雪看来，这简短的一问，往往能够决定面试的最终走向，甚至影响求职者是否能成功入职。

那么，作为HR，杨雪站在这个立场上，最希望求职者提出哪些问题呢？首先，她渴望听到求职者对公司及岗位的深入了解。比如，询问岗位的发展路径、项目的规模与类型，这不仅能体现出求职者对未来工作的重视，也能反映出他们是否具备前瞻性的职业规划。其次，关于职业发展、晋升机会及考核机制的问题，更是让她能够窥见求职者内心的职业蓝图与追求。

杨雪始终相信，问题越多，意味着求职者就越用心。这样的人不仅会评估这份工作是否适合自己，更会思考自己如何在这份工作中实现个人价值，与公司共同成长。这样的求职者往往更加积极主动，对未来充满期待。

然而，与之相对的是，也有一些问题她不希望听到。比如，过于表面化、缺乏深度的问题，或是与公司企业文化、价值观相悖的质疑。这些问题不仅无法展现出求职者的专业素养与职业态度，反而可能让面试官对其产生负面印象。

记得有一次面试，一位求职者几乎没有提出任何问题，只是浅显简单地介绍了自己。当杨雪主动询问她是否有想了解的内容时，她竟显得有些手足无措。那一刻，杨雪意识到，这位求职者或许并未做好充分的准备，也未能深入理解这份工作的真正含义。最终，她们未能达成合作。

在事务所的日常工作中，杨雪频繁地与来自世界各地的留学生交流。这些年轻的面孔，带着异国文化的烙印和全球化视野，让她看到了与国内学生截然不同的职业态度与规划能力。每当谈及未来，他们总能自信地分析自己的优势与不足，结合全球经济的发展趋势，绘制出既实际又富有远见的职业蓝图。这种清晰的目标和开阔的视野，让杨雪深受触动，也更加坚定了她帮助更多年轻人找到职业方向的信念。未来，她希望能够继续携手更多有志青年，共同为事务所的发展贡献力量，同时也为社会的进步添砖加瓦。

对话

第 5 部分

高校声音：
为自己的人生做好规划

BEYOND OVERSEAS STUDYING

国际视野下的职业指导：
如何塑造学生的全球竞争力

职业规划犹如一场探索未知的旅程，既需要明确的方向指引，更需要持续的力量支持。廖满媛凭借对教育事业的无限热忱，十余年来不断为莘莘学子提供就业辅导，引领他们迈向更加光明的未来。

教育路上的坚定选择

作为一名资深的职业指导专家，廖满媛的职业生涯始终与学生紧密相连。2002年研究生毕业后，她选择留在北京工业大学，与年轻人共同成长。二十余载光阴流逝，她的教育初心始终如一，从未动摇。

"当时其实也面临多个就业选择，比如国家知识产权局的公务员岗位，还有《中国化工报》、从事标准化工作的外资企业的岗位。说实话，那时的我也并没有特别明确的职业规划。"廖满媛笑着回忆道，"但是内心有一种难以言说的感觉，对高校有着特殊的向往，能够在工作中长期和年轻人一起成长的想法让我选择了留在北京工业大学。"

虽然当时也有亲友对她的选择表示质疑，但廖满媛始终认为，教育工作与自己的价值观高度契合，是一份值得长期为之奋斗的事业。事实也如此，随着时间的推移，她对教育事业的热爱从未减少，并且愈发坚定。

作为北京工业大学就业指导中心的核心成员之一，廖满媛的日常工作充实且繁忙。她不仅要负责职业规划课程的研发与教学，还需要带领团队为每位学生提供个性化的就业咨询服务。廖满媛十分注重对学生内在成长的引导，通过理论教学与实践指导相结合的方式，帮助他们更好地认识自我、明确未来的发展方向。也正是这种对教育事业的执着追求，让她在岗位上始终保持着专业与激情，持续为学生的职业发展铺路搭桥。

职业规划的多样路径：从"T 型人才"到"π 型人才"

经过多年的就业指导实践，廖满嫒逐渐形成了独有的育人理念和方法论。在她看来，学生职业规划的核心不应仅仅局限于找一份表面上令自己满意的工作，更重要的是让学生能够充分认识自我，挖掘内在潜力，为今后长期的职业发展打牢基础。

通过对学生职业规划存在的困惑进行系统梳理，廖满嫒将学生大致划分为三类：约 20% 的学生目标明确且行动力充沛，能够坚持向既定目标迈进；不到 10% 的学生目标缺失或者行动力严重不足；其余大多数学生则处于目标模糊或行动力难以长期持续的状态。"很多大学生在职业规划的过程中存在两个典型误区：一是启动太晚；二是还在沿袭高中时期的'只管学习'模式，缺乏对未来的深入思考和积极行动。"针对这种普遍现象，她建议学生们未雨绸缪，从大一或者大二开始，就要将自己的职业规划逐步提上日程。

同时，廖满嫒也强调"多维度实践体验"的重要性，鼓励学生尝试探索多种形式、不同层次的职业，在丰富的实践中寻找最适合自己的发展方向。她敏锐地指出，在社会快速变化和行业交叉融合的趋势下，人才培养的理念也要与时俱进。"过去我们可能会说成为'T 型人才'，强调深耕某一专业领域。但现在越来越重视多条腿走路，需要成为'π 型人才'，既要具备扎实的专业功底，还需要具有跨学科的交叉能力，才能更好地适应不断变化的就业市场。"廖满嫒对人才做了一个形象的比喻，"我强烈建议学生们充分利用好学校资源，攻读双学位或者微专业，包括去其他学校旁听课程，不断拓展自己的知识储备。"

针对就业选择中备受关注的稳定性问题，廖满嫒提出，不少学生对

"编制""体制内"的过度执着，反而可能会限制他们的视野，导致错失一些宝贵的发展机遇。她常用"稳定是一种相对的概念"来启发学生，引导他们以更开放的心态看待就业选择。"时代在变，市场需求和职业发展的方向也在不断变化。对稳定的过度追求会把自己局限在某个狭窄的领域，无法看到职业发展的全貌和多种可能性。"廖满媛说。

突破限制：职业认知的多维探索

在具体的咨询中，廖满媛善于因材施教，帮助学生突破认知局限。近年来，土木水利专业毕业生的就业空间变得格外狭窄，不仅缘于行业周期波动，也因为就业市场逐渐饱和。在指导一个土木水利专业的学生时，廖满媛敏锐地察觉到了他内心的困扰。"他当时表达了对传统的建筑领域工作的抵触情绪，认为设计院工作让人'早早谢顶'，工地环境艰苦枯燥，还需要频繁出差，生活作息也十分不规律。"廖满媛回忆道。

面对学生的困惑和沮丧情绪，廖满媛并未直接建议他转换方向，而是采取了更加温和且具有启发性的方式循循善诱。她首先重新建构了学生对就业选择的理解，指出土木水利专业的毕业生不仅可以从事建筑施工管理，还能在与土木工程相关的咨询、规划甚至金融投资等领域一显身手。她以专业相关度为维度，将职业方向划分为"强相关"、"弱相关"和"不相关"三个层级，帮助学生认识到建筑咨询、项目投资等领域虽然是弱相关，但同样需要扎实的土木工程背景。"包括普华永道、麦肯锡这类大型咨询机构以及投资基金公司，也经常招募具备工程背景的人才，以拓展它们在建筑、能源这些垂直领域的咨询服务。"经过这番启发，这个学生逐渐认识到自己的专业技能在更广阔的领域同样具有价值。

"那年 12 月,我收到他发来的好消息,他已被上海一家能源公司录用,薪资待遇在土木水利专业中十分可观。"谈及学生的成功,廖满媛的语气中洋溢着欣慰和愉悦。

廖满媛深知,帮助学生解决就业方面的困惑,不是简单提供更多选择,而是要从根本上打破认知桎梏。通过搭建"多层次就业选择"的思维框架,学生在拓宽视野的同时也强化了对自身能力的信心。

成为自我:从困境到自信的蜕变

在建立学生自信心方面,廖满媛讲述了另一个统计学硕士生的成长故事。这名学生在各大公司的结构化面试中表现出色,每次都能跻身榜首,但又屡次在"多人无领导小组讨论"环节折戟。经历六七次连续失利之后,他面对心仪的央企岗位近乎信心全无。

在倾听了这个学生的讲述之后,经过细致观察和分析,廖满媛发现这个学生在团队讨论环节的存在感不足,缺乏主动参与意识,往往在激烈的讨论中难以获得话语权。于是,廖满媛开始引导他如何在团队讨论中展现自我价值:明确求职目标,在面试中真实展现自己。

"与其在团队讨论中刻意表现,不如专注于自身的价值输出。"廖满媛给出了她的建议,"了解到他曾担任班长后,我建议他用组织活动时的主导状态来展现自己,增强团队贡献度。"

几天后的面试中,这个学生成功突破了无领导小组讨论的考验。面试结束后,他兴奋地告诉廖满媛:"虽然没有担任小组的领导者或者总结者的角色，但这是我主动推进最多的一次面试表现。"后来，这个学生成功被心仪的央企聘用。

"听到这个结果，我感到一百二十分的高兴。不仅因为他取得的成果，更因为我看到了一个人突破自我的潜力与勇气，而这将使他在今后的人生中更加自信。"在廖满媛看来，学生在面试中的自信源于清晰的自我定位，而非简单的面试技巧训练。她说："很多学生并非能力不足，而是被自我设限所束缚，影响了真实水平的发挥。"

廖满媛为进行职业探索的团体辅导

全球化背景下的职业规划：适应未来的挑战

随着全球化的不断深入，高校的国际化建设逐渐成为国家教育战略的重要组成部分。在多年的校园工作中，廖满媛也接触到越来越多有意向出国留学的学生。她观察到，随着学生的国际视野不断拓宽，更多人开始意识到学成归国发展会面临更多机遇。国际化学习不仅仅是学术知识的积累，更是在多元文化背景下提高适应能力和创新思维的重要过程。

"国际化背景下的职业教育不应局限于语言能力或学术技能的提升，而要着眼于学生整体素养的培养。许多留学归来的学子往往具备开阔的国际视野与强大的适应能力，这些特质正是当前全球化就业市场中核心竞争力的一部分。"在她看来，高校国际化的重点之一就是培养学生的多元化视角和跨文化沟通能力，让他们能够在全球化背景下更加自由、自主地探索职业发展之路，更好地适应未来职场要求，同时更有可能承担起推动中国国际化发展的责任。

谈及北京工业大学的国际化建设成果，廖满嫒流露出由衷的自豪。她介绍道，近年来学校国际化人才培养成效显著，在校生有机会参与各类长短期国际交流访学项目，建有全国示范性中外合作办学机构——北京-都柏林国际学院，本科毕业生出国深造率和深造质量持续攀升。同时，学校高度重视国际化师资队伍建设，坚持"外引""内培"两手抓，不仅引进了众多国家及中国香港、澳门、台湾地区的教师、访问学者和具有国际化背景的高层次人才，还为在职教职工提供多样化的国际化能力提升机会。此外，学校还通过全球伙伴网络和全球校友网络为学生搭建了国际化成长和长远职业发展的支持平台，帮助他们更好地适应国际化环境，提升国际化工作的能力。

在廖满嫒看来，教师在推动国际化人才培养中扮演着不可或缺的角色。他们的国际化素养和对多元文化的包容与理解，能为学生的国际化发展起到指导作用。她相信，通过这种全面系统的指导，无论学生选择留在海外发展还是回国服务，都能具备卓越的国际化竞争力，为个人职业发展和国家建设贡献力量。

陪伴与成长的双向奔赴

教育既是引领，也是陪伴。廖满媛在职业规划的道路上，不仅帮助学生走出迷茫，更与他们一同成长。"每当看到学生从最初的茫然到最终找到方向，那种成就感是无法用语言来形容的。"她说道。

我们看到的不仅是一个教育者的坚守，更是对教育本质的深刻思考与对未来的美好期许。廖满媛相信，教育的意义不在于给予答案，而在于帮助学生找到问题的本质，进而用自己的方式解答。在她的指导下，无数学生用行动证明了自己的价值，也用努力开拓了更广阔的未来。

放眼未来，正如廖满媛所言，唯有具备广阔的国际视野和不懈的探索精神，才能在全球化浪潮中把握先机，登上更加精彩的舞台。

从语言学习到就业指导，
意大利归国学者的多元文化探索与教育情怀

在当今社会，有这样一群人，他们在学术的海洋中畅游，在职业道路上探索，用自己的经历书写着精彩的人生篇章。梅天骄便是其中一位，她的学习与工作经历宛如一幅绚丽多彩的画卷，在时光的长河中徐徐展开，每一笔都蕴含着努力、坚持与成长的力量。

打开留学之窗，开启多元文化的探索之旅

梅天骄与意大利的缘分始于本科期间。彼时，她就读于北京语言大学意大利语专业。大三那年，她获得了前往意大利摩德纳·雷焦·艾米利亚大学交流学习的机会。这不仅是一次提升语言能力的机会，更是一场深入领略意大利文化魅力的奇妙探险。

初到意大利，一切都是那么新鲜而陌生。她像一块海绵，贪婪地吸收着周围的一切。在摩德纳·雷焦·艾米利亚大学的课堂上，她与来自不同国家的同学们一起探讨意大利语的微妙之处，感受意大利文学的博大精深。课余时间，她漫步在古老的街道上，欣赏意大利古建筑的一砖一瓦，品尝地道的意大利美食，与当地人交流，倾听他们的故事。每一次对话，每一次文化的碰撞，都让她对意大利语有了更深层次的理解。"在那里，我真正体会到了语言不仅仅是一种交流工具，更是一扇通往不同文化世界的大门。"梅天骄回忆道。

意大利圣心天主教大学校园一隅

第 5 部分 高校声音：为自己的人生做好规划

本科毕业后，梅天骄并未满足于已有的知识储备，她决定继续在北京语言大学深造，并在研二那年来到意大利圣心天主教大学攻读硕士双学位。与本科阶段的交流学习不同，这一阶段的学习生活充满了挑战，课程安排紧凑而充实，周一到周五的课程满满当当的，涵盖了意大利语、文学、历史等多个领域。面对如此高强度的学习任务，梅天骄展现出了坚韧不拔的毅力和出色的时间管理能力。她常常在堆积如山的书籍和资料中度过漫长的夜晚。"那段时间虽然辛苦，但我收获的不仅仅是专业知识，更是一种自我成长和突破的喜悦。"梅天骄说。这段留学经历，不仅拓宽了梅天骄的学术视野，更培养了她快速适应不同环境的能力。"在国外，你必须学会自己面对一切，从租房、做饭到处理学习中的困难，每一个挑战都是一次成长的机会。"梅天骄感慨地说。

情牵母校，投身就业指导工作

完成硕士学业后，梅天骄怀着对母校的深厚情感和对教育事业的热爱，在北京语言大学就业创业指导中心正式开启了自己的职业生涯。这一决定并非一时冲动，而是源于她在本科期间积累的丰富的学生工作经验。

早在大学时期，梅天骄就曾在院系学生会担任副主席、宣传部部长等职务，积极参加各种学生活动，还曾在学校学生处工作过一段时间，进一步加深了对高校学生工作的认识。这种对学生工作的熟悉和热爱，在她心中播下了一颗投身教育事业的种子。

为了能够顺利进入高校工作，梅天骄在求职前做了充分的准备。她精心制作简历，投递了多所高校以及不同类型的单位。在求职过程中，她经历了多轮严格的考核，包括笔试、面试等环节。每一次面试既是一次挑战，也是一次展示自己的机会。梅天骄凭借扎实的专业知识、出色的沟通能力和良好的综合素质，最终成功入职母校北京语言大学就业创业指导中心，实现了自己的职业梦想。

为学生点亮就业之路的明灯

在就业创业指导中心，梅天骄的工作涉及生涯规划、就业指导、校企合作、就业市场和就业调研等多个方面，每一个板块都需要她投入大量的时间和精力。

在生涯规划方面，梅天骄认为，高校阶段的生涯教育主要聚焦于帮助学生进行自我认知、探索职业世界、规划未来发展、作出合理决策。"每个学生都是独一无二的，我们要引导他们发现自己的兴趣、能力和价值观，然后结合就业市场的客观情况，找到与自己相匹配的职业方向。"梅天骄说。她通过举办各种讲座、团体辅导和一对一咨询等，帮助学生进行自我探索和了解就业环境，为他们未来的职业发展奠定基础。

就业指导是梅天骄工作的核心内容之一。她会针对学生在求职过程中遇到的各种问题，如简历制作、面试技巧等，提供专业的指导。梅天骄深知一份优秀的简历和出色的面试表现对于学生成功求职的重要性。她会仔细审阅学生的简历，从内容到格式，每一个细节都不放过，提出有针对性的修改建议。在面试指导方面，她会模拟面试场景，帮助学生熟悉面试流程，提高应对能力，同时引导学生展现自己的优势和个性。

"我自己也经历过完整的求职过程,有成功,也有失败。我也希望尽可能多地分享我自己的经历和经验,帮助学生们在求职过程中充分展示自己的实力,拿到理想的 offer。"梅天骄说道。

梅天骄组织就业创业团体辅导活动

校企合作也是梅天骄工作的重点之一。她积极与各类企业建立联系,了解企业的用人需求,为学生争取更多实习和就业的机会。她经常穿梭于企业和学校之间,组织企业宣讲会、招聘会等,搭建起企业与学生之间沟通的桥梁。"通过校企合作,我们可以让学生更好地了解企业的实际需求,同时也让企业发现北语学子的优秀之处。"梅天骄表示。

在工作中,梅天骄始终保持着创新精神。她曾经举办过一场以"哈利·波特"为主题的就业创业团体辅导活动,将魔法元素与就业知识相结合,吸引了众多学生参与。活动中,学生们通过角色扮演、游戏体验等方式,在轻松愉快的氛围中学习就业技巧,探索自己的职业兴趣。"看到同学们这么喜欢我的创意,我真的非常开心。这也让我更加坚定了要通过更多创新的活动形式，让就业指导工作更加生动有趣，吸引更多学生的关注和参与。"梅天骄说。

留学经历赋能职业发展

回顾自己的学习和工作经历，梅天骄深刻体会到留学经历给自己带来的巨大影响。留学不仅让她在专业知识上取得了长足的进步，更在个人能力和综合素质方面实现了质的飞跃。

在学习能力方面，留学期间的学习模式让梅天骄学会了自主学习和独立思考。意大利的大学课程注重学生的自主探究和讨论，这促使她主动探索知识，深入研究问题。"在国外，老师更多的是引导我们，我们需要查阅大量的资料，形成自己的观点。这种方式让我的学习能力得到了极大的提升。"梅天骄说。

独立解决问题的能力也是梅天骄留学期间的重要收获。在异国他乡，她面临着各种生活和学习上的困难，从文化差异带来的困扰到学习中的难题，每一个问题都需要她自己解决。"这让我变得更加坚强和自信，我相信自己有能力应对生活中的各种挑战。"梅天骄坚定地说。

此外，留学经历还拓宽了梅天骄的视野，她学会了以更加包容和开放的心态看待世界。她接触到了不同国家的文化、思想和价值观，这使她能够更好地理解他人，与不同文化背景的人进行有效的沟通和合作。梅天骄的留学经历也拓宽了她的教育视野，帮助她在搜集、阅读、研究各类国外相关领域的最新研究成果时更加得心应手，从而提升她在职业领域的业务能力，更好地开展职业指导。

应对就业挑战，传递希望与力量

在当前竞争激烈的就业环境下，梅天骄对毕业生的就业形势有着更加深刻的认识。她深知，随着高校毕业生人数的逐年增加，就业市场的竞争愈发激烈。然而，她也看到了学生们的积极变化。"现在的学生更加主动，他们会积极寻找各种机会，不断提高自己的竞争力。"梅天骄说。

对于那些正在找工作的准大学毕业生，梅天骄给出了宝贵的建议。她强调，毕业生首先要明确自己的求职方向，不能盲目跟风。"了解自己的兴趣和优势是非常重要的，只有找到适合自己的方向，才能在求职过程中更有动力。"梅天骄建议。

同时，她还提醒学生要注重简历的制作和投递技巧，要根据不同的岗位要求进行有针对性的修改，提高简历的命中率。在面试过程中，要保持自信，充分展示自己的能力和个性。"求职过程中难免会遇到困难和挫折，这是很正常的。重要的是要从失败中汲取经验教训，不断改进自己。"梅天骄说。她希望毕业生们能够保持积极乐观的态度，相信自己最终一定能够找到理想的工作。

面对未来，梅天骄非常坚定地表示，她将继续在生涯教育与就业指导的工作中努力前行，为学生们提供更好的服务，帮助更多的学生实现自己的职业梦想，同时也为社会培养更多优秀的人才。"我会一直在这里，陪伴同学们走向美好的未来。"

在教育变革中前行，
实干派教师的职业探索与时代见证

在高等教育的广阔领域中，赵得生丰富的经历和对就业领域的卓越贡献，闪耀着独特的光芒。他的教育和职业发展之路，不仅是个人成长的历程，更是对教育事业不懈追求与探索的生动写照。

一段访学之旅，见证教育创新的生动实践

"这个访学机会是面向所有老师的，能够参与其中是一件很幸运的事。"赵得生回忆道。他的访学之旅源于一次难得的机遇，学校提供了一个前往台湾大学访学的国家项目名额，他获得了这次机会。

作为中国台湾地区的顶尖学府，台湾大学的访学之旅给赵得生留下了深刻的印象。"这个学校是没有围墙的，开放式的校园布局打破了与社会的界限，令我耳目一新。"赵得生表示，"这里多元化的教学方法也让校园里和课堂上充满了思维的碰撞。"

在台湾大学的校园里，随处可见学生们的各类作品，如建筑设计、桥梁模型等。这些作品不仅展示了学生们的创造力，更体现了理论与实践的紧密结合。学校里的社团活动也很丰富。学生们根据兴趣组建社团，涵盖学术、艺术、体育、公益等多个领域，形式多样。"可以说，此次访学，我收获颇丰。"赵得生表示，"这种教育风格和方法，在我此前接受的教育中是比较少见的，拓宽了我的教育视野，为日后的教学和管理工作积累了宝贵经验，也激发了我对教育创新的思考。"

学生毕业作品"银杏桥"坐落于台湾大学台中校区

兴趣引领学术方向的转变，事业变换源于对理想的坚守

赵得生的教育经历其实是一个不断探索的过程，就如同他的职业发展方向一般。

本科阶段，赵得生攻读的是法学学位。硕士期间，他来到上海财经大学，转向马克思主义哲学专业，开启了对经济、哲学领域的探索，后来继续攻读了博士学位。"这一决定源于我对哲学、经济学和人文社科类书籍的浓厚兴趣。"在日常学习与工作中，赵得生对经济现象充满好奇，喜欢深入思考其中的原理和规律。哲学的学习则为他提供了独特的思维视角，使他能够从哲学层面剖析经济问题，探索经济发展背后的深层次逻辑。"这种跨学科的研究方向，让我在学术道路上独具特色，也为我在教育领域的多元发展奠定了坚实的基础。"

在职业发展上，赵得生从学生思想政治教育、教学管理向就业指导相关工作转变。"一开始，我主要是在学生成长的道路上扮演引路人的角色，比如引导学生树立正确的价值观，组织各类丰富多彩的校园活动等。但随着工作经验的积累，我也先后在教务处、党委、校长办公室任职，参与教学管理、政策制定、综合协调等工作，目前是在招生就业处任职。但不论岗位如何转变，工作目标都是帮助学生们更好地成长、发展，这也是我选择进入高校工作的主要目的。"赵得生表示。

十余年潜心观察，只为更好帮助学生就业

曾经，大学生们怀揣着理想主义情怀，对未来充满憧憬。如今，随

着社会的快速发展，学生们面临着更大的竞争压力，在追求理想的同时，也更加注重现实考量，对就业的期望更加务实。"在十余年的教育工作中，我也深刻感受到学生的显著变化。为了在未来就业市场中占据优势，他们开始积极参加各类考证、实习活动，努力提升自己的综合素质。前几年考研人数不断增多，也反映出他们对更高学历和专业技能的追求，以及对就业市场竞争压力的应对策略。"赵得生分享了自己对于当下就业形势的观察与见解。

面对学生们的这些变化，赵得生意识到高校教育需要与时俱进，不断调整人才培养模式，以满足学生和社会的需求。为了更好地满足学生们的就业需求，他积极参与学校的各项改革和创新举措，深入参与拓展就业渠道工作，积极与企业建立紧密联系，组织各类校园招聘会，为学生提供丰富的就业发展机会。同时，他也关注学生的职业发展需求，开展多样化的就业指导活动，如职业规划讲座、求职技能培训等，帮助学生提升就业能力。

赵得生在学校会议中发言

在赵得生的积极推动下，上海财经大学基本构建了相对完善的就业指导体系。"我们通称为一、二、三课堂。"赵得生介绍说。"第一课堂"主要通过开设职业发展课程，引导学生了解行业动态和就业趋势，帮助他们做好职业生涯规划；"第二课堂"是指就业相关活动，如生涯规划月和就业服务月等，学校会组织学生走进企业、开展职业测评、举办职场人物沙龙等活动，让学生在实践中积累经验，明确职业方向；"第三课堂"则主要是借助网络平台，如微信公众号和企业微信，举办各类品牌活动，通过采访优秀校友、分享就业经验和行业动态等，为学生提供个性化的就业指导服务。

此外，针对少数民族学生就业的特殊性，赵得生还筹备成立了"榴芽尖"生涯工作室，通过举办茶话会、生涯 cafe 等活动，为少数民族学生提供就业指导，帮助他们解决就业过程中遇到的困难，确保他们顺利就业。

携手并进，照亮学生们的就业之路

即便落实了很多想法与举措，赵得生也不得不承认当前的就业环境对于大学生们来说依旧充满了挑战。其原因主要在于就业压力增大，毕业生数量持续攀升，而企业需求在结构上发生变化，导致传统行业岗位减少，新兴行业岗位需求增加，导致供需存在一定程度的不匹配。同时，学生们就业观念的变化，如求稳心态和慢就业现象的出现，也给就业带来了新的挑战。

不过，挑战从来都是与机遇并存。2018 年，赵得生有幸借调至教育部高等教育司工作。在此期间，他主要负责本科教育大会的会务组织和综合协调工作，包括与高校的联络沟通、文件起草以及政策制定等。这段经历使他有机会站在更高的层面审视全国高等教育的发展，深入了解国家教育政策的制定过程和实施方向。

"政府对就业工作的重视程度是一贯的，出台了一系列政策支持就业，比如增加岗位需求等，为毕业生就业提供保障。同时，高校也在积极调整人才培养模式，加强与企业的合作，提高学生的实践能力和综合素质，以更好地适应市场需求。"赵得生总结道。

但无论外部环境提供何种支持，对于每一名大学生来说，求职都是一件个性化的事情。对于正在求职的大学生，赵得生建议：首先，做好自我评估，通过兴趣测试和职业性格测试等，明确自己的兴趣点，结合专业技能和优势，确定适合自己的职业方向；其次，设定合理的就业目标，深入研究目标行业的发展态势和招聘需求，通过实习等方式积累经验，不断完善自身能力；再次，对简历的制作要重视，突出重点、量化成果，展现个人特色，并根据不同岗位进行针对性调整；最后，充分利用学校和社会的就业资源，关注新兴求职工具和形式，积极适应就业市场的变化，这些都能在一定程度上提高求职的成功率。

十余年漫漫教育路，赵得生走得坚定而踏实。他的故事展现了一位教育工作者在时代浪潮中的探索、坚守与成长。他的经验和见解也为学生的成长成才指明了方向，为教育事业的发展提供了有益参考。相信在未来的工作中，他将继续为教育事业贡献自己的力量，书写更加辉煌的篇章。

中国海洋大学经济学院教师：
用智慧与热情点亮金融学子的梦想

在中国海洋大学（简称"海大"）经济学院里，张同辉是一位深受学生尊敬和喜爱的教师。自 2021 年加入这所大学，从课堂到实习，从职业规划到人生方向，张同辉用他的智慧和热情，为学生们点亮了一盏盏明灯。

细致关怀，双轨并行：编织成长的经纬

2021年，在结束了苏黎世联邦理工学院的博士研究生学业后，张同辉带着对高等教育的热爱和对金融行业的深刻理解回到了家乡，踏入了这所美丽的海滨大学。工作三年，他感觉每天都很充实、有意义，因为自己除了作为讲师授课，还多了一重身份——班主任。"在我们学院，每个专业班级都配备了一名班主任，同时还有专职辅导员负责整体协调。"张同辉介绍道。

张同辉与苏黎世联邦理工学院的同人合影

作为经济学院金融学专业的班主任，张同辉深知这一角色承载的重大责任。每年，他都与来自五湖四海、性格迥异的学生相遇，这份多样性让他深感教育工作的挑战与魅力。得益于在苏黎世的留学经历，张同辉学会了跨越传统界限，以一颗开放包容的心接纳和理解每一位学生，无论他们是否符合所谓的"主流好学生"的标准。

在瑞士的日子里，作为一名中国留学生，张同辉刚开始面对截然不同的文化和生活方式，感到陌生又新奇。但随着时间的推移，他逐渐敞开心扉，不仅学会了尊重和欣赏每一种文化的独特之处，还主动融入这个多元融合的社会环境中，与来自世界各地的朋友建立了深厚的友谊。这些宝贵的经历不仅让他的留学生涯色彩斑斓，更让他树立了"世界大同、和谐共生"的理念。

因此，回到国内教学岗位后，张同辉总是能够设身处地为学生着想，给予他们无微不至的关怀与理解。每学期，他都会安排时间与每个学生进行至少一次面对面的深度交流，细致入微地了解他们的学业动态、心理状态，以及所遇到的困惑与挑战，进而提供量身定制的指导与支持。

在他的班级中，学生大致可以分为两类。一类是有明确规划、目标清晰的学生，他们与张同辉的交流更像智慧的碰撞与经验的共享。另一类则是尚未明确方向、处于探索阶段的学生，他们占据了班级的大多数，更需要张同辉耐心的引导与帮助。这部分学生会有一些陷入迷茫甚至处于"半躺平"状态。尽管他们表面上会参与课堂学习，但内心可能缺乏明确的学习动力和方向，导致对统一的学习安排缺乏热情，寒暑假也没有学习或者实习规划。针对这些学生，张同辉采取了积极的督促措施。他不仅与学生进行深入的交流，了解他们的困惑与需求，还与学生家长建立联系，一对一沟通，共同制订成长计划。

"每个关键节点，我们都会向家长反馈学生的表现，并提出相应的建议和要求。"张同辉介绍道，"比如大一是确立职业目标和个人规划的重要时期；到了大二，学生应该至少完成一份与专业相关的实习以积

张同辉与自己指导过论文的毕业生合影

累实践经验；到了大三，则需要具备找工作的基本条件，如优秀的学业成绩、丰富的实践经验以及明确的职业定位等。"

在指导过程中，张同辉还遇到了一些特殊案例。比如有些学生家庭经济条件较差，需要通过勤工俭学来减轻家庭负担；有的学生迫于各种原因选择了自己不喜欢的专业，学习过程充满痛苦和曲折。对于这些学生，张同辉会特别关注他们的学习和生活状况，并提供必要的帮助和支持。

令他印象深刻的是，有一名学生非常喜欢历史，尤其是文博领域，但在高考填报志愿时，被父母要求填报了金融学专业。入学后，在兴趣的驱动下，他选修了部分历史和博物馆学的课程，并取得了优异的成绩。与此同时，金融学专业课程给这名学生带来了一定的困难，他一度产生厌学情绪，进而导致他与家人的关系变得紧张起来，甚至采用拉黑父母微信的极端方式拒绝沟通。得知这一情况后，张同辉和年级辅导员努力在双方之间搭建沟通的桥梁。一方面，他们劝导学生要理性面对现实，理解父母的苦心；另一方面，他们也向他的父母阐明，孩子的兴趣和梦想同样重要，应该尊重他的选择。经过半年多的努力，双方终于达成了一定共识，学生与父母的关系恢复如初。

"我们希望通过家校合作的方式共同促进学生的成长与发展。"张同辉说道，"让家长成为我们教育工作的坚强后盾，让我们共同为学生的未来保驾护航。"

多元选择：扩招背景下的升学与就业挑战

随着高等教育扩招浪潮的到来，中国海洋大学也面临着前所未有的发展机遇与挑战。本科招生人数从原来的三四千名增至五六千名，硕士生招生人数更是从两千名激增至四千余名。

面对这样的变化，学生们只有更加努力地学习，提升自己的综合素质和竞争力，才能在激烈的就业市场中脱颖而出。因此，他积极引导学生们选择适合自己的升学与就业路径，并为他们提供全面的指导和支持。

海大经济学院研究生的升学率一直保持着较高的水平，升学率将近50%，出国深造的学生也占相当高的比例。作为曾经的留学生中的一员，张同辉深知留学对于拓宽学生视野、提升综合素质的重要性，因此定期邀请留学归来的学长分享经验。在他的引导下，许多学生勇敢地迈出了留学的步伐，并在海外名校中取得了优异的成绩，也在职业发展中拥有了更多的选择和机会。

当然升学并不是唯一的选择。不选择升学道路的学生会直接找工作或者考公、考编。很多人都说现在越来越多的年轻人倾向于体制内稳定的工作，但从张同辉的观察来讲，学生对于就业的态度比较跳跃。每年的学生都有独特的选择，有的年份，大家热衷于找工作；有的年份，大家则更倾向于考研或创业。这种不确定性让他感到既惊讶又有趣。不过有一点趋势是很确定且明显的，那就是在实习方面——学生实习的年级越来越提前。过去，大多数学生是从大四开始实习，而现在越来越多的学生从大一、大二就开始寻找实习机会。这一现象表明，学生对就业的重视程度日益提高，希望通过早期实习来积累经验和提高竞争力。

张同辉发现，企业越来越注重学生的综合素质而非单一的绩点。说到综合素质的话题，张同辉想起自己在苏黎世联邦理工学院读书时，学校就非常重视学生的综合素质，并且这种重视程度体现在学校生活的方方面面，比如当时的考试制度就很特别——很多课程采用"口试"的考核方式。老师会给学生一个题目，学生回答完问题之后，老师会对学生的答案进行追问。这种方式要求学生对所学知识有深入的理解和掌握，不仅考查了学生的专业知识，还锻炼了他们的应变能力和口头表达能力。

为了提升学生的综合素质，张同辉在课堂上引入了小组讨论、案例分析等互动式教学方法。他还鼓励学生积极参加各类竞赛和社团活动，锻炼自己的沟通能力、团队协作能力和解决问题的能力。这些努力不仅提高了学生的学习成绩，更提升了他们的综合素质。

实践探索：明确方向，照亮未来之路

学生在高校就读，绕不开的就是就业。金融专业的毕业生可以在商业银行和投资银行就职。商业银行主要从事存贷款业务；投资银行则包括各种证券公司，如中金公司、中信建投、银河证券、浦发证券等，主要从事 IPO、上市辅导、固定收益、兼并收购等业务。此外，金融专业毕业生还可以在保险公司或其他金融机构就职。

针对部分在就业和实习方面感到迷茫的学生，学校也采取了一系列措施来帮助他们确定未来的人生方向和工作方向。例如积极与各类企业和机构建立实习实训基地，为学生提供丰富的实习和就业机会，让学生亲身体验职场环境。张同辉希望学生通过这些机会能够明确自己的兴趣所在。他鼓励学生每学期去尝试不同的实践机会，比如去银行、券商、保险公司、其他公司的投资部或战略部实习，以此了解行业的多样性和不同岗位的职责。"每个方向都有其独特的业务模式和职业路径。"张同辉说，"在选择职业方向时要充分了解各自的特点和要求。一旦发现某个领域不适合自己，应立即调整方向，避免在不适合的道路上浪费时间。"

虽然金融专业在很多人眼中是理科生的天下，但张同辉认为文科生同样可以在金融领域闯出一片天地。他鼓励文科生在金融学习中发挥自己的优势，如较强的语言表达能力、浓厚的人文关怀意识等。"文科生在金融领域同样可以发挥自己的特长。"张同辉说，"比如在做金融报告、撰写行业分析报告时，文科生的文笔和思维往往更具优势。"

在张同辉的教育生涯中，他始终坚守着一名教师的初心和使命。他用自己的智慧和热情为学生们点亮了一盏盏明灯，用自己的努力和付出为金融教育事业贡献着自己的力量。

"我热爱我的职业,也热爱我的学生。"张同辉说,"我希望通过自己的努力能够为他们提供更好的教育资源和更广阔的发展空间。"

在未来的日子里,他将继续秉持"以学生为中心"的教育理念,不断探索适应新时代要求的教育模式,并积极借鉴国际先进的教育理念,结合实际,创新教育方法,为社会输送更多具有创新思维和国际视野的高素质人才,共同推动金融行业的蓬勃发展。

十年坚守：
一位高校生涯导师的行业探索

在高校从事生涯教育及职业规划相关工作，对于张亦弛来说，既是机缘巧合，也在意料之中。和当下的大多数学生一样，他同样经历过对未来的迷茫与无措，但幸运的是，他找到了自己愿意为之奋斗一生的方向，成为西南石油大学生涯教育体系建设工作的一位探索者。他的故事，也为学生的生涯教育注入了新的活力与思考。

油田之子的逐梦之旅

张亦弛出生于华北油田，那是一个相对独立且封闭的环境：邻里关系密切，生活区域围绕着油田展开，形成了一个自给自足的微型社会。然而，他心中渴望着更广阔的天地，"对远方的向往促使我在高考后毅然选择离开家乡，前往成都求学"。

本硕期间，张亦弛就读于西南石油大学的工程类专业。选择这个专业并非源于他的个人兴趣，更多的是基于家庭背景和对行业稳定性的考虑。当时的他，对未来的职业方向感到迷茫，尽管在学业上成绩优异，但他清楚地知道，自己对机械工程类课程缺乏真正的兴趣。

为了能作出改变，在上学期间，张亦弛积极参与各种实践活动。"我担任班长、党支部副书记等职务，还涉足公益组织、创业开网店等领域。"这些经历不仅锻炼了他的综合能力，更让他在不同体验中逐渐明确了自己的兴趣所在。一次偶然的机会，张亦弛通过同事了解到心理学这一学科，"我瞬间被它吸引，仿佛找到了内心深处一直追寻的方向"。

彼时的他已经留校任辅导员，虽然没能通过读研或出国深造等机会转向心理学研究，但张亦弛自学心理学相关知识，在学校的支持下寻找各种外出参加培训的机会，并把所学知识运用到实际工作当中。通过实践，他积累了丰富的经验和心得体会。"其实不论工作内容如何变化，我的工作目标都是帮助学生成为全面发展的人。而心理学让我更加关注造成学生行为变化的底层逻辑，同时也促使我更加深入地研究生涯教育，希望能够为学生提供更有针对性的指导，帮助他们更好地成长。"

在生涯教育中坚定前行

随着对生涯教育的理解不断加深，张亦弛参与了西南石油大学职业生涯发展指导中心的创建工作。他积极推动生涯教育课程的建设，在他的努力下，学生们对生涯规划的重视程度不断提高，咨询人数也逐年增加。"生涯教育不仅仅是帮助学生找到一份工作，更重要的是促进他们的全面发展和自我价值的实现。"张亦弛表示。

在工作中不断探索创新，张亦弛带领教学团队开发出一系列具有特色的生涯教育课程和活动。"梦溪"职业生涯发展咨询工作室也在这一过程中应运而生。在"梦溪"，张亦弛每年都会为众多学生提供咨询服务。学生们咨询的问题主要集中在就业技能和职业方向两个方面。对于就业技能的问题，他会通过有针对性的指导和提问，帮助学生提升简历撰写、面试技巧等求职能力；对于职业方向的问题，他则会引导学生深入思考自己的兴趣、优势和价值观，结合市场需求，作出合理的定位。

张亦弛（左）为学生分析简历

在咨询过程中，张亦弛会非常认真地倾听学生的心声，以平等、尊重的态度与学生沟通，给予他们充分的支持和鼓励，让学生在轻松的氛围中获得启发和帮助。同时，他也非常注重培养学生的自我认知能力，引导他们作出更加明智的职业选择。

多维度照亮大学生的就业之路

张亦弛的生涯教育指导不仅停留在课堂和咨询室，更延伸到了学生的日常生活中。他经常组织各类实践活动，让学生有机会将理论知识应用于现实情境中，从而加深对职业规划的理解。这些活动不仅增强了学生实际操作的能力，也提高了他们解决问题的能力。他的这种教育方法不仅激发了学生的内在动力，同时也帮助他们在职业生涯规划的过程中学会了自我认识、自我管理和自我成长，对未来的职业方向也更加明确。"我鼓励学生主动探索和体验不同的职业路径，以发现最适合自己的职业兴趣和目标。"张亦弛总结道。

除了校园，张亦弛也积极拥抱互联网，打破"围墙"，尝试通过网络平台和社交平台传播生涯教育理念。他认为，互联网为生涯教育提供了更广阔的舞台，可以打破时间和空间的限制，让更多人接触到优质的教育资源。"我期待未来能够通过网络平台，分享更多的经验和见解，为学生们提供更加多元化的学习渠道。"

他深知互联网的力量，不仅具有连接全球的能力，还能够为教育带来革命性的变化。他积极探索线上教育工具和平台，如开设在线课程、参与教育论坛和社交媒体互动，以拓宽生涯教育的受众群体。通过这些渠道，他希望能够跨越地理界限，将生涯规划的智慧带给每一位有志青年。他相信，通过不断的尝试和创新，互联网教育将为学生提供更加个性化和灵活的学习体验，帮助他们在职业发展的道路上更加自信地前行。

当前时代的就业机遇与挑战

面对当前的就业环境，张亦弛认为，大学生面临着诸多机遇与挑战。"一方面，市场竞争激烈，就业压力较大；另一方面，新兴行业的崛起也为大学生提供了更多的选择空间。"他鼓励大学生保持积极的心态，关注自身的成长和发展，不断提升综合素质。

对于准大学毕业生，张亦弛也给出一些建议。他认为学生们首先要树立发展意识，明确自己的职业目标和发展方向，避免盲目跟风；其次要积极对标职业目标，在大学期间努力提升自己的专业技能和实践能力，积累丰富的经验；再次要关注真实的职场，打破信息茧房，通过实习、调研等方式深入了解行业动态和企业需求；最后要建立资源意识，善于利用身边的资源，如老师、同学、校友等，拓宽自己的人脉和视野。

当被问到个人的求职经历时，张亦弛也非常坦诚："我确实没有经历过真正的求职，但我在工作中会去访谈非常多的企业HR，去接触真实职场中的人，并将他们的建议转述给学生们作参考。"但在他看来，成功是不可复制的，那些成功案例的背后都有很多错综复杂的因素，可能是运气，也可能是旁人不能体会到的努力。"与其渴望复制他人的成功，不如学会为自己的简历'增色'。"张亦弛笑着说，"我每年都会更新自己的简历，看我自己到底有没有'升值'，有没有收获成长。"

时代是在不断发展的，教育工作者亦如此。除了不断精进自身的技能，更要看到当下社会需要怎样的人才。在访谈中，张亦弛特别强调了适应变化的重要性，提醒学生们要在快速变化的就业市场中保持灵活性和开放性，培养终身学习的习惯，不断更新知识和技能，以便能够抓住新兴行业的机遇。正是通过这样的前瞻性指导，张亦弛帮助一个又一个学生构建了坚实的职业发展基础。

张亦弛（左一）在工作坊中为学生进行讲解

漫漫教育路，回首皆芳华。在张亦弛的职业生涯中，他始终坚持以学生为中心，关注每一个个体的成长和发展。他经常说："每个学生都是独一无二的，他们都有自己的特点和潜力。作为教育者，我们的任务是帮助他们发现这些潜力，并将其转化为实现梦想的动力。"他始终坚信，通过个性化的指导和支持，每个学生都能够找到适合自己的发展道路。在未来的日子里，他也将继续在这条道路上前行，照亮更多学生的未来。

在传承与创新中不断前行，
锻造全球胜任力的教育桥梁

"教育的力量在于连接世界，培养具有国际视野的人才。"这是林晶晶在多年教育领域工作中始终秉持的信念。她的教育历程如同一幅绚丽多彩的画卷，展现着她对知识的执着追求、对教育事业的无限热爱以及对学生成长的深切关怀。

赴加访学，拓宽视野

"我从未想过会成为高级访问学者，"林晶晶回忆道，"2016年能够获得这次机会，主要得益于我的工作，以及有一个学习的需求。"作为浙大宁波理工学院外国语学院国际化交流项目的负责人，她成功谈下了学校与加拿大英属哥伦比亚大学的合作项目。为了深入了解合作方的课程、师资及学生住宿等细节，同时拓宽自己的教育视野，学习先进的理念与方法，她决定前往加拿大英属哥伦比亚大学进行访学。

加拿大英属哥伦比亚大学是一所历史悠久、声誉卓著的顶尖高校，QS排名曾位居世界前25，如今也在35名以内。在林晶晶眼中，加拿大英属哥伦比亚大学校园像是一座被海水围绕的半岛，"我经常在图书馆看完书后，到海边走走，特别舒服。"学校坐落于海边半岛，校内还有大片森林，自然景观与多元文化相互交融，为学习与生活提供了绝佳环境。

林晶晶在加拿大英属哥伦比亚大学访学

访学期间，林晶晶师从孙浪导师。"孙浪老师精通中、英、法三门语言，是第二语言习得的专家，还拥有企业工作和教育管理经验。"孙浪的学贯中西、沟通技巧及教育理念给林晶晶留下了深刻印象。他热爱旅游，善于将生活感悟与教育相联系，他的著作《我在加拿大有个小园子》体现了其独特的育人方式，令林晶晶深受启发。

然而，访学过程并非一帆风顺。"准备时间仓促，申请签证时又遇抽检体检，同时还要兼顾浙江大学的博士考试，诸多事务让我焦头烂额。"林晶晶回忆道。住宿方面也历经波折，先是申请学校宿舍未能如愿，后经历了地下室、当地家庭和学生宿舍三种不同的居住环境。这些经历虽充满挑战，但也丰富了她的访学体验。

在加拿大英属哥伦比亚大学访学期间，林晶晶不仅在学术上获得了宝贵的经验，还体验到了异国文化的独特魅力。她积极参与各类文化交流活动，与来自不同国家的学生和教授深入交流，这不仅拓宽了她的视野，也加深了她对教育全球化的理解。此外，她利用课余时间探索温哥华的自然风光和城市生活。这段访学之旅，为她日后的教育工作和学术研究打下了坚实的基础。

从英语到教育学，只为更好地做教育

"如果想在高校工作中有所发展，单靠硕士学历是不够的。"林晶晶表示。彼时，她已经入职浙大宁波理工学院外国语学院。原本她也考虑过进修法学等其他专业，加拿大的访学经历让她更加坚定了教育学这一选择。"我的工作就是教书育人，我相信只有学好教育，才能更好地做

教育。"

凭借本科教育学、心理学的基础及英语优势，林晶晶顺利开启了教育博士的深造之旅。而在加拿大访学的经历，也帮助她收集了大量加拿大教师教育的一手资料，为博士论文写作提供了重要支撑，使她深刻体会到访学经历对学术研究的重要价值。

林晶晶的学术转变不仅是她个人职业发展的关键一步，也体现了她对教育的深度探索和热情。在教育学领域，她特别关注教师的专业发展和学生的学习动机，致力于将理论与实践相结合，以期提升教育质量。她的博士论文研究聚焦于教师教育的国际经验及其对中国教育的启示，这一课题不仅契合了她的语言背景，也为教育领域带来了新的视角。通过深入分析和研究，她希望能够为教育实践提供切实可行的策略，促进学生全面发展。

机缘巧合，在教育事业里不断成长

虽然林晶晶的事业风生水起，但最初进入教育行业也属于机缘巧合。"我大学毕业的时候其实是不想当老师的，"林晶晶坦言，"也是在不断找工作的过程中，兜兜转转，还是凭借之前在中学教课的经历，回到了教师这个行业。"

在进入浙大宁波理工学院工作之前，林晶晶在浙江万里学院工作了十年之久。在这十年的教学生涯中，林晶晶不仅积累了宝贵的教学经验，也深刻理解了教育对于学生未来的重要性。她始终认为，教育的目的不仅是传授知识，更重要的是激发学生的潜能，培养他们的批判性思维。因此，她在教学中注重培养学生独立思考的能力和解决问题的能力，鼓励学生主动探索和创新。这种教学理念使她的课堂充满活力，深受学生喜爱。

后来，出于对更好的平台和发展机会的追求，她通过公开竞聘，成功转至浙大宁波理工学院。尽管对万里学院充满不舍，但新环境带来了更多机遇。在这里，她获得了更多科研项目的支持，学术之路得以拓展，还开启了新的教学探索，如担任全球胜任力基地负责人等，致力于培养具有国际视野和跨文化交流能力的学生。

林晶晶在浙江万里学院工作期间留影

与学生并肩而行，奔跑在通往世界的舞台上

"早期学生依赖教师传授知识，如今他们身处信息时代，科技产品运

用娴熟，网络资源丰富，这对传统的教学方法提出挑战。"谈到这十几年学生的变化发展，林晶晶感触颇深。"此外，学生年龄差距的变化也促使老师们调整教学方式，转换思维方式，寻找共同话题，更好地引导和教育学生。"

为了与学生建立良好的关系，林晶晶也费了不少心思。"我还记得在前几年，有一款手机游戏特别风靡，那几届的学生们也都特别喜欢玩，为了跟他们有共同话题，我也学习怎么玩这款游戏。"林晶晶笑着说。通过与学生组队娱乐，增进彼此了解，她成为学生的良师益友。因为她相信，只有与学生保持同频共振，才能更好地引导他们成长。

学生工作的顺利开展，给林晶晶带来新的机遇。2024年，浙大宁波理工学院的全球胜任力基地挂牌成立，林晶晶也有了新身份，成为浙大宁波理工学院外国语学院副院长、全球胜任力基地负责人。目前对于全球胜任力，不论是国内还是国外都没有一个非常确切或者详细的定义。目前广泛讨论的全球胜任力概念主要是基于经济合作与发展组织在2017年发布的"PISA（国际学生评估项目）全球胜任力框架"的表述，主要是指青少年能够分析当地、全球和跨文化的问题，理解和欣赏他人的观点和世界观，与不同文化背景的人进行开放、得体和有效的互动，具备为集体福祉和可持续发展采取行动的能力。

但在林晶晶看来，拥有全球胜任力的学生应该是具备"三国四能"的国际化人才，即拥有国家情怀、国际视野、国际规则及知识，同时具备外语能力、跨学科能力、跨文化交际能力和批判性思维能力的人才。

也是基于这样的理念，浙大宁波理工学院的全球胜任力基地主要通过五个维度培养学生，包括课程实践、海外实践、专业实践、文化实践和社会实践。在海外实践中，学生不仅参与国际项目，还开展科研活动，提升国际学术素养；社会实践则注重培养学生的企业胜任力，通过与企业合作，让学生提前了解职场，为就业做好准备。

与此同时，林晶晶还长期致力于大学生创新创业项目指导，她认为这是解决学生就业问题、培养学生创新能力的重要途径。"从 2015 年起，我就关注国家创新创业政策，结合自身企业经验和教学期望，打造了一系列富有特色的创新创业项目。"她介绍道。

她指导的项目涵盖多个领域，注重将专业知识与创业实践相结合。例如，2018 年成立的"WeE 翻译实践工作室"，旨在提升学生翻译实践的能力，该项目成为浙大宁波理工学院外国语学院首个国家级创新创业训练项目；2023 年的"爱乐坊——传统民乐的继承、创新与探索"项目，将中国传统文化与音乐相结合，通过学生创业团队传承和弘扬中华优秀传统文化，在各类商演活动中表现出色。这些项目不仅为学生提供了创业实践机会，还对学生职业规划产生了深远影响。许多学生毕业后，其职业发展仍延续着创新创业项目的思路，实现了从校园创业到职场发展的顺利过渡。

林晶晶在学校活动中发言

认识自己，走好就业的第一步

处在大学生就业的一线岗位上，面对当前严峻的大学生就业形势，林晶晶深有感触。连续多年担任毕业班导师的她，深知现在大学生就业不易，尤其是非顶尖高校学生，面临着高不成、低不就的困境。"我建议学生们还是应尽早进行职业规划，我的习惯是在大二后会与每名学生进行面谈，了解他们对未来的规划，并根据不同规划提供有针对性的建议。"林晶晶强调。

对于想从事教师职业的学生，她会明确告知就业难度，鼓励他们多手准备，如同时备考国内研究生、申请国外研究生或准备考公、考编；对于想考研的学生，她建议提前了解考研步骤，大二就开始准备。同时，她强调学生们要主动与老师和父母沟通，获取多方建议，积极参加企业实习，亲身体验职场环境，了解自身的兴趣和优势，避免受专业限制，勇于接受挑战，探索不同职业的可能性，实现职业梦想与个人情怀的有机结合。

林晶晶的教育生涯是一个充满探索、创新与奉献的故事。她在访学中拓宽视野，在学术转变中追求进步，在教学工作中兢兢业业，在学生工作中用心引导，在创新创业中积极助力，在就业指导中倾心关怀。她的经历不仅为教育工作者提供了宝贵经验，也为学生成长成才指明了方向，激励着更多人在教育与人生道路上不断前行。

图书在版编目（CIP）数据

对话青年. 职场新势力 : 30位新时代青年的职业探索与破局之路 / 周成刚, 孙涛主编. -- 北京 : 东方出版社, 2025.4. -- ISBN 978-7-5207-4398-3

Ⅰ . K828.4

中国国家版本馆CIP数据核字第2025SC1635号

对话青年·职场新势力：30位新时代青年的职业探索与破局之路
DUIHUA QINGNIAN·ZHICHANG XIN SHILI: 30 WEI XINSHIDAI QINGNIAN DE ZHIYE TANSUO YU POJU ZHI LU）

主　　编：	周成刚　孙　涛
策划编辑：	鲁艳芳　　刘晓丽
责任编辑：	杭　超
出　　版：	东方出版社
发　　行：	人民东方出版传媒有限公司
地　　址：	北京市东城区朝阳门内大街166号
邮政编码：	100010
印　　刷：	小森印刷（北京）有限公司
版　　次：	2025年4月第1版
印　　次：	2025年4月北京第1次印刷
开　　本：	710毫米×1000毫米　1/16
印　　张：	16
字　　数：	198千字
书　　号：	ISBN 978-7-5207-4398-3
定　　价：	59.80元
发行电话：	（010）85924663　85924644　85924641

版权所有，违者必究

如有印装质量问题，我社负责调换，请拨打电话：（010）85924602